"桐乡历史文化丛书"(第五辑)编委会

顾　问：于会游　王　坚　俞奕凌　施如玉
编　委：李新荣　于瑞华　褚万根　顾守菊
　　　　吴　臻　申险峰　范利学

主　编：李新荣
副主编：褚万根

作　者：(以姓氏笔画为序)
　　　　陈　勇　沈思佳　张天杰　郁震宏
　　　　闻海鹰　夏春锦　章建明

张天杰

郁震宏

著

辅广传

FU GUANG ZHUAN

华文出版社
SINO-CULTURE PRESS

图书在版编目（CIP）数据

辅广传 / 张天杰，郁震宏著. —— 北京：华文出版社，2022.12

（桐乡历史文化丛书. 第五辑）

ISBN 978-7-5075-5715-2

Ⅰ.①辅… Ⅱ.①张… ②郁… Ⅲ.①辅广－传记 Ⅳ.①B244.99

中国版本图书馆CIP数据核字(2022)第240663号

辅广传

著　　者	张天杰　郁震宏
绘　　图	戴卫中
责任编辑	张明华
出版发行	华文出版社
地　　址	北京市西城区广外大街305号8区2号楼
邮政编码	100055
网　　址	http://www.hwcbs.cn
电　　话	编辑部 010-58336259　总编室 010-58336210
	发行部 010-58336267
经　　销	新华书店
印　　刷	三河市航远印刷有限公司
装帧制版	北京禾风雅艺文化发展有限公司
开　　本	880mm×1230mm　1/32
印　　张	8.375
字　　数	173千字
版　　次	2022年12月第1版
印　　次	2022年12月第1次印刷
标准书号	ISBN 978-7-5075-5715-2
定　　价	60.00元

版权所有，侵权必究

辅广像

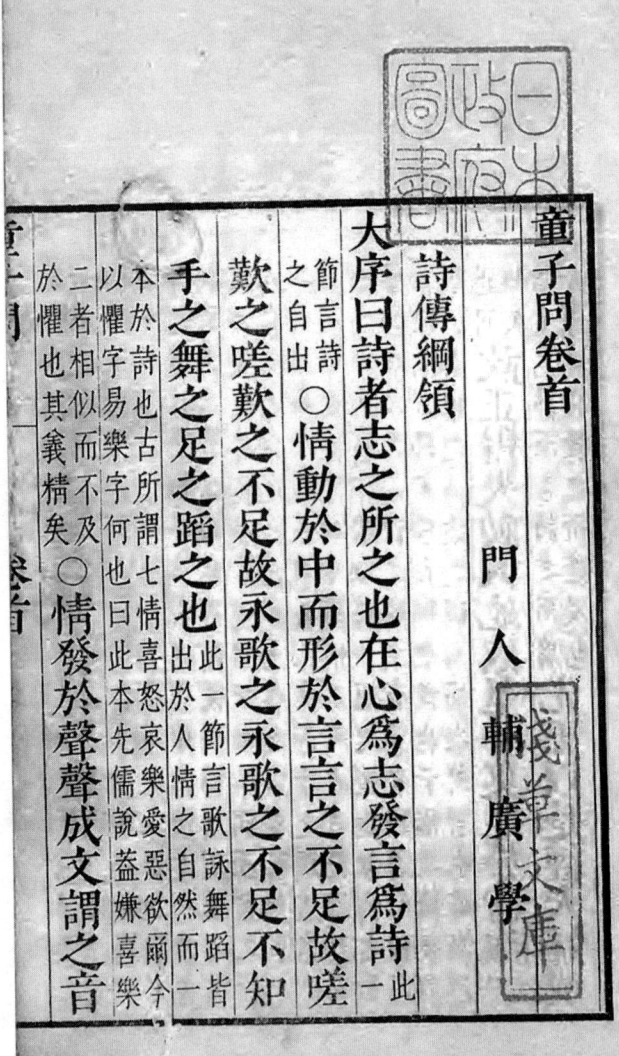

《童子問》卷首書影

朱子讀書法卷一

宋張洪齊熙同編

綱領

陳希周問讀書修學之門先生曰所謂讀書者只要理會這箇道理治家有治家道理居官有居官道理雖然頭面不同然只是一理如水遇圓處圓遇方處方小處小大處大然只是一水爾

人之生道理合下皆完具所以要讀書者蓋是未曾經歷見得許多聖人是經歷見得許多所以寫在冊子上與人看而今讀書只是要見得許多道理

先要讀書理會道理蓋先學得在這裏到臨時應事接

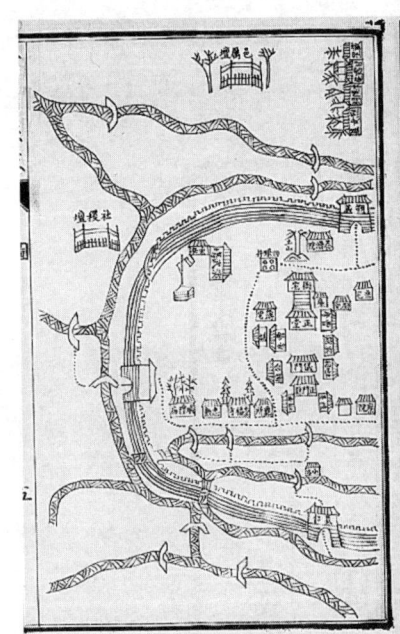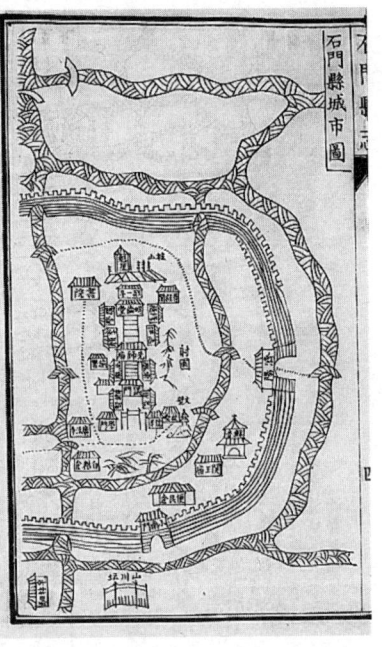

道光之前的石门县城市图

序

天下之书，有容易写的，也有极难写的，人能于此中磨砺一回，也算是一种修为，总是好的。《辅广传》的写作，断断续续，前后数月，虽然我写的字数不多，却是平生写得最艰苦的一本书。最大的原因，倒不在我，而是有关辅广生平的记载极其匮乏，与其声名殊不相称，甚至连他大概的生卒年代，从师朱子的时间，也都难以考定。巧妇难为无米之炊，实在苦不堪言，每每写到一无可写时，想起孔夫子说的"文献不足故也，足则吾能征之"，深有同感。但总而言之，挤总算是挤出来了，自知好不到哪里去，知我罪我，任之而已。

当然，写辅广，生平之难倒在其次，于我而言，最难的还是他的思想。我对宋代理学性不相近，接触很少，只知道几个书名，从来不曾完整读过一本，哪怕是乡贤辅广的书，因为要写传记，也是临时才看，一知半解都谈不上。幸亏此书有张天杰兄挑重担，我只是扯扯尾巴而已，辅广思想的部分，天杰兄全承包了，使我轻松不少。天杰兄命我写个小序，我不会泛应客套，别的话不多说，借此感谢这位老兄十多年来的照顾。说到照顾，一说便俗，心照不宣。

多年以前，我与天杰兄合作写过《张履祥传》，张履祥与辅广一样,都是理学史上的重要人物,当时的分工,与这次一样,天杰兄为其难,我为其易,合作愉快。逝者如斯,此番合作又近尾声,天杰兄一早发我短信,说:下次合作不知什么时候呢?

我读了,大有"怅英雄白发"之感,不知说什么好,那就不说了。江南此刻深夜,讲课回来,再打开电脑,看一遍自己所写的部分,实在不堪入目,羞愧难当,只希望天杰兄不要怪罪。

是为序。

郁震宏

2021 年 12 月 2 日

于麻溪懒下楼

目录

序

第一章	辅姓渊源久	001
第二章	崇德有少年	014
第三章	从游吕东莱	030
第四章	问学朱文公	040
第五章	二上武夷山	058
第六章	考亭诸生老	091
第七章	归筑传贻堂	117
第八章	著述为己任	145
第九章	浅草掩真儒	178
第十章	庶几曾闵徒	199

附录

年表	221
小传	234
从祀孔庙资料	239

参考文献 247

跋 251

第一章　辅姓渊源久

姓氏，是人类进入文明社会的标志之一。辅，是一个稀姓，但重量级的人物却不少，其中最著名的便是宋朝的辅广，朱熹门人，开宗立派，著作等身，后又获得从祀孔庙的殊荣；辅广之父辅逵，虽是一介武夫，却官至泰州知州。

一

辅姓，一般认为起源于春秋战国之际晋国的知（"知"同"智"，《资治通鉴》作"智"）姓。知氏，晋国六卿之一，得姓始祖为晋国上卿知庄子。春秋初，晋国相国荀息之孙荀首（又称知首、智首，谥号"庄"），食采于知邑，官至中军佐，史称知庄子，其后别为知氏。知氏世代为卿，六世即知宣子知申（又作荀申），七世知襄子知瑶（前506—前453，又称荀瑶、智伯，谥号"襄"），先后担任正卿。据《国语·晋语》记载：

> 知宣子将以瑶为后，知果曰："不如宵也。"宣子曰："宵也狠。"对曰："宵之狠在面，瑶之狠在心。心狠败国，面狠不害，瑶之贤于人者五，其不逮者一。美鬓长大则贤，射御足力则贤，

伎艺毕给则贤，巧文辩惠则贤，强毅果敢则贤。如是而甚不仁，以其五贤陵人，而以不仁行之，其谁能待之？若果立瑶也，知宗必灭。"弗听。知果别族于太史，为辅氏。及知氏之亡，唯辅果在。

这段题为《知果论知瑶必灭族》，大致意思是说，晋国的知宣子准备把自己晋国上卿的位置传给知瑶，但知果认为，知瑶这个人品德极差，他做了卿，将来可能有灭族的危险，不如传给知宵比较稳妥。可惜知宣子没有听从。于是知果为了规避风险，就到太史那里重新登记，另立宗庙，把自己的姓氏由"知"改成了"辅"，从此，"知果"就成了"辅果"。

果然，公元前453年，晋国的赵襄子、韩康子、魏桓子联手杀了知襄子，并将知襄子的头颅漆为酒器，还将知氏一门灭族。知果因为事先改了姓氏，躲过一劫。这就是诸葛亮说的"昔辅果绝亲于智氏，而蒙全宗之福"，成为中国历史上审时度势、知几其神的常用典故。与辅果相反，则有豫让复仇一事。豫让不忘知襄子国士之遇，曾多次刺杀赵襄子，甚至不惜漆身吞炭，最后失败自杀，这就是千古传颂的"士为知己者死"，还被司马迁写入《史记·刺客列传》。

《国语》的这个故事，司马光写《资治通鉴》的时候，放在了最前面，作为"三家分晋"的前奏，过去的读书人，大概都是熟悉的。据元初学者胡三省的推测，知文子传位给知襄子，大概发生在公元前496年至前472年之间，这是可信的。准此，则知果"别族于太史，为辅氏"这个事件，应该也发生在这个时期。

换句话说，辅氏虽然是一个稀姓，但其产生的年代，却大致可以考证出来，也即在公元前496年至前472年这二十四年之间。

知果为什么要别族，而改为辅氏？这跟当时的历史背景有关，因为灭族是春秋战国常见的政治现象。不说其他国家，单说晋国，在知果之前，就发生过很多灭族事件，最著名的就是赵氏孤儿案，要不是赵武（前589—前541）被保护了下来，晋国的赵氏从此也就消失在中国的历史舞台上了，后来的"三家分晋"也就无从谈起。在如此残酷血腥的政治背景之下，知果的别族，既是先见之明，亦是无奈之举。

知果别族，从常理来讲，可选择的空间特别大，他为什么不改其他姓氏，而偏偏改作辅氏呢？这才是一个值得研究的问题，我们从《左传》中找寻到的一些蛛丝马迹，也许可以说明这个问题。《左传》记载了晋国、秦国之间一场著名的战争，叫"辅氏之战"，发生在公元前594年，比辅姓产生的年代早一百多年。辅氏，是一个地名，在今陕西省大荔县东，靠近黄河，当时是晋国的领土，辅氏之战的具体情况，因非本文主题所关，这里就不介绍了。

辅氏之战，对于研究辅姓的来源，是一个非常重要的线索。我们知道，《左传》中凡是带"氏"字的地名，都是古国名的遗存，可见辅氏这个地方，本是一个国家，但至少在公元前594年以前，辅国已经被晋国灭了，成为晋国的土地。到春秋末期的时候，辅氏这块土地，最有可能已经在知氏家族的封地之内。

关于这一点，我们不妨倒过来推测一下。首先，知氏家族的封地，政治核心在"知邑"，也就是今山西省永济市的西北，与辅氏所在的陕西省大荔县隔黄河相望，直线距离不远。其次，知果为什么不改其他姓氏，而偏偏别族为辅氏，已足以说明辅氏乃是知氏家族封地的一部分了，以采邑为氏族，是当时人的一个习惯，《元和姓纂》与《通志·氏族略》等古籍中有大量的记载。

既然辅氏是被晋朝所灭的一个古国，那么，按照当时人以国为氏的强大传统，在公元前594年以前，晋国的土地上应该早已有"辅"这个姓氏了，可惜时代太过久远，没有被历史记录下来。因此，从以上的分析可见，辅氏的来源，至少有两大系统，一支来自古辅国，一支来自辅果。因为辅果的影响大，后来的姓氏书上，说到辅姓的起源，就只写了他这一支。

辅氏的早期分布，因为起源于晋国，大多在今陕西、山西一带，唐朝人林宝的《元和姓纂》说"河东有此姓"，河东即今天的山西省。据此可见，唐朝时候，山西是辅姓的一个聚居区。《元和姓纂》记载，当时把辅姓的郡望写作"襄阳"，可见至少在六朝至隋唐时期，襄阳有辅姓分布，并且是一个地方望族，这跟三国时代蜀国大将辅元弼有关，一个名人的背后，必然隐藏着一个大家族。

二

辅，不仅是桐乡的稀姓，放眼全国，人口数量也不多，据最近的人口普查统计，有一千多人。但历史上辅姓颇有著名人物，这里谈一谈在辅广之前的辅姓名人。

第一章　辅姓渊源久

唐朝的《元和姓纂》里，记录了十六国时期姚秦（384—417）的始平太守辅光与东乡侯辅鉴，一个做到太守，一个封侯，地位着实不低，可惜他们的生平却很难考证。

在这两位之前，三国时期的蜀国，出了一位著名的将军，叫辅匡，字元弼，他同时期的杨戏（？—261）写有《季汉辅臣赞》，从刘备、诸葛亮写起，一直写到郝普、潘濬，一共五十四个人物，其中就有辅匡，可见他在蜀国的影响是不小的。

《三国志》中有一个辅匡的简传，这里录下：

辅元弼，名匡，襄阳人也。随先主入蜀，益州既定，为巴郡太守。建兴中，徙镇南，为右将军，封中乡侯。

《三国志》的人物传，大多简略，但从这段话中，我们也可以晓得，辅匡是先主刘备（161—223）入定巴蜀之前的老部下，可谓蜀汉早期的班底成员，他后来在后主刘禅（207—271）建兴年间（223—237）做到了镇南右将军，封中乡侯，地位非常高。因此《元和姓纂》记载辅姓的郡望，用的就是"襄阳"，襄阳是辅匡的籍贯。蜀汉杨戏《季汉辅臣赞》对辅匡有一个评价："镇南粗强。"粗强，就是相当厉害的意思。杨戏是一个不轻许可的人，这个评价，已经非常高了。

在辅匡之后、辅广之前，最有名的人物，当数隋末唐初的辅公祐与辅超。辅超（928—1004），忻州秀容人，家世业农，勇悍有力，应募入军籍，五代时晋、汉、周都立有战功，后随宋太祖征淮南，定滁、泗，破淮阴，下扬州，以战功任日骑副兵马使、内直都知。宋太宗即位,任马军都军头、马步军副都军头、德州刺史、莱州团练使等。

辅公祏(约584—624),齐州临济(今山东章丘)人。《隋唐演义》里就说到他,新、旧《唐书》亦都列有辅公祏的传,因此,辅公祏这个人物,在中国古代,从士大夫到民间社会,影响都很大。

辅公祏早年为生活所迫,与杜伏威(584—624)一起为盗,两人于是结拜为兄弟,起初关系特别好,大抵如秦末的张耳(?—前202)、陈馀(?—前204),为刎颈之交。辅公祏年长于杜伏威,但他甘居其下,因为两人配合得法,后来势力逐渐壮大,一路南下,从山东打到江淮,所向无敌,一下子就成了江淮霸主。杜伏威、辅公祏与一般的流寇不同,他们很有政治远见,在自己的"根据地"内,倚重士大夫,轻徭薄赋,大力惩治贪污腐败,很得民心。他们的势力范围,在鼎盛时期,尽有江东、淮南之地,成为隋末农民大起义中的一方领袖,能跟他们相比的,也只有河北的窦建德、河南的李密等寥寥数人而已。

唐高祖武德三年(620),两人归顺唐朝,杜伏威被封为吴王,辅公祏被封为舒国公。武德五年(622),杜伏威到长安朝见唐高祖,命辅公祏留守在"根据地",还命其养子王雄诞(?—623)领兵,作为副手。这个时候,唐朝建立不久,各地割据势力还很多,中国历史的走向并不明朗,故鹿死谁手还不一定。武德六年(623)八月,辅公祏趁机在南朝陈国的旧都金陵(今南京)称帝,国号宋,起兵反唐。次年三月,唐高祖的堂侄赵郡王李孝恭(591—640)率军一举平定江南,辅公祏也被杀于丹阳。同年，杜伏威也暴卒于长安。至于辅公祏的功过，那是历史学家的事，这里就不赘述了，姑且抄录一段《旧唐书》辅公祏传的记载：

> 武德五年，伏威将入朝，留公祏居守，复令雄诞典兵以副公祏，阴谓曰："吾入京，若不失职，无令公祏为变。"其后左游仙乃说公祏，令反。会雄诞属疾于家，公祏夺其兵，诈言伏威不得还江南，贻书令其起兵。因僭即伪位，自称宋国，于陈故都筑宫以居焉。署置百官，以左游仙为兵部尚书、东南道大使、越州总管。大修兵甲，转漕粮馈。……高祖命赵郡王孝恭率诸将奋击，大破之。绍宗、正通以五骑奔于丹阳。公祏惧而遁走，欲就左游仙于会稽，至武康，为野人所执，送于丹阳，孝恭斩之，传首京师。

另外值得补充的是，《旧唐书》萧铣（583—621）等人的传后之"史臣曰"中的七个字："辅公祏窃兵为叛。"辅公祏与杜伏威在山东起兵，一直到被唐朝平定，一共十三年。辅公祏做皇帝的时间不长，只有短短七个月，但无论如何，他是辅姓历史上唯一称帝的人。

三

接下来，谈一谈辅广的父亲辅逵，辅氏南迁崇德的第一世祖。辅逵，字彦达，他是南宋初年的将领。很奇怪，在辅广以前，凡是为历史记载的辅姓名人，大多偏于武的一面，很少有文化上的名人，不知道这算不算家族的一大基因。

在传统社会，名字是一个人身份信息的重要线索，我们看辅逵有名有字，想来他的出身不会很差。而前面提到的辅公祐、杜伏威，他们都出身贫苦，只有名，没有表字。

辅逵祖上的情况，没有文献记载，无从考证。关于他的籍贯，黄宗羲（1610—1695）《梨洲文钞》之《辅潜庵传》中说"赵州庆源人也"。其实这是不准确的，我们看《宋史》《金史》的《地理志》就可以晓得，赵州（今河北赵县）与庆源府是同一个地方，并不是隶属关系，只是先后称谓不同。赵州，原作殷州，北齐天保二年（551），因避太子殷之名讳，改为赵州。隋朝改为赵郡，唐又改为赵州。宋徽宗宣和元年（1119）改为庆源府。金灭宋后，庆源府又改为赵州，时在金太宗天会七年（1129）。二十二年后，赵州又改为"沃州"，直到元朝，才又恢复为"赵州"。因此，"庆源府"这个建置，只存在了短短的十年时间。黄宗羲说辅逵的籍贯是"赵州庆源"，当是对历史地理的一个误会，后世的史志大多沿用黄宗羲之说，以讹传讹，故有必要说明一下。

辅逵出生的具体年月，现在已不能考知，但宋靖康二年即金天会五年（1127），金国大将斜卯阿里（1080—1157）攻陷庆源府，当时的辅逵正是庆源府的军官，他与韩京带了一百多士兵，九死一生逃出府城，归附韩世忠（1090—1151）部队，韩京后来成为岳飞（1103—1142）部将。从这段历史中，我们大致可以推测辅逵的年龄，靖康二年（1127）他已经是军官了，假定当年他二十岁左右，当无问题，则他出生的时间，应该在北宋大观元年（1107）前后，或者更早。

《辅潜庵传》又说辅逵："南渡后隶杨和王沂中麾下，累立战功。"杨和王，即杨沂中（1102—1166），深得宋高宗（赵构，1107—1187，1127—1162在位）器重，绍兴十二年（1142）赐名杨存中，死后追封"和王"，谥号"武恭"，南宋初年的一代名将，《宋史》有传。但《辅潜庵传》说辅逵南渡后隶属杨存中，其实含糊其词，并不准确。考诸《建炎以来系年要录》《三朝北盟会编》以及《宋史》等文献，靖康二年（1127），辅逵从庆源府逃出以后，最早隶属的是韩世忠，担任押火，前后一年有余。

宋高宗建炎三年（1129）正月二十七日，韩世忠兵溃沭阳，弃军逃到盐城，没来得及撤离的部队，一时群龙无首，乱象纷呈。辅逵无所隶属，带领散兵游勇在涟水一带打家劫舍，成了一支非官非匪的地方武装。《建炎以来系年要录》说：

> 自此辅逵聚众于涟水，李在据高邮，皆世忠之兵也。……沭阳之溃，逵聚卒得数百人，扰于淮河之南北，及是至楚州城下，渐有众数千，当时淮南号为悍贼。

建炎三年（1129）五月，宋高宗任命御营使司前军统制王燮为淮南招抚使，前往招抚流寇。同年闰八月，辅逵归顺王燮，从此隶属王燮，一直到绍兴五年（1135）闰二月，王燮被解除兵权，辅逵再次成为韩世忠的部下。统计一下，辅逵在王燮部下工作，前后六年，时间比较长。

在归顺王燮之前，辅逵还做过一件震惊南宋朝廷的大事，他带领部下攻陷涟水军，杀死了朝廷命官涟水军使郝琳、军丞吴深、太学博士孟健，随后投降。

从绍兴五年（1135）闰二月开始，辅逵又一次回到老领导韩世忠的部队，这年三月，他跟随张浚（1097—1164）、岳飞前往湖南，平定杨幺之乱。此后很长一段时间，史书上再也找不到辅逵这个名字。一直到绍兴十一年（1141）二月，宋金在柘皋（今属安徽）大战，宋军大获全胜。柘皋之战，辅逵的名字再次出现，他当时担任的职务是统制官，受杨沂中指挥，在这场战争中，辅逵英勇杀敌，眼睛中箭。

柘皋之战，韩世忠部队没有参加，主要指挥官是杨沂中、刘锜（1098—1162），可见《辅潜庵传》说辅逵"南渡后隶杨和王沂中麾下"，大概是有见于此而云然，但这话不免说得太过笼统，至少在此之前辅逵还是韩世忠的部下，他什么时候隶属杨沂中，很难考证。不过《建炎以来系年要录》在绍兴十三年（1143）二月下有记载说：

> 拱卫大夫、贵州防御使、殿前司忠勇军统制辅逵，为江南东路马步军副总管。

另外，光绪《桐乡县志》说：

> 绍兴末，枢密叶审言视师江上，集诸将问计，李横请据瓜州，公以为不可，力陈万全之策，不从，已而横败，悉如公所料。

第一章 辅姓渊源久

杨沂中从绍兴七年（1137）至绍兴三十一年（1161）一直是殿前司的长官，辅逵到殿前司任职，大概就在绍兴七年，所以柘皋之战中，他正是受杨沂中指挥的。杨沂中掌管殿前司前后二十五年，辅逵都在杨沂中手下任职，应该算是杨沂中的心腹爱将了。绍兴三十一年二月，赵密（1095—1165）接替杨沂中，成为殿前司都指挥使，新官上任后，辅逵的日子仍旧很好过；第二年四月，辅逵升任殿前司前军统制，所谓辅逵"力陈万全之策"，当发生在这个时期。宋孝宗（赵昚，1127—1194）隆兴二年（1164），赵密退休，此后至乾道年间（1165—1173），辅逵大概改任过殿前司后军统制一职，因此《大明一统志》记载说：辅逵，赵州人，寓居崇德（今浙江桐乡），乾道间为后军统制。

辅逵担任后军统制的时候，年纪已经六十开外了，宋孝宗很想让他去边疆担任地方长官，但由武转文，孝宗不免有些担心。《大明一统志》是这样记载的：

> 孝宗欲处以边郡，问其能胜任否？
> 曰：当以家法治之。
> 又问何法？
> 曰：子视兵民，爱惜财赋。

辅逵的回答，可谓大道至简。宋孝宗听了，特别放心，任命他为泰州知州事。此事在光绪《桐乡县志》中则说："孝宗问屯田事宜，公以笏就地指画，称旨，除知泰州。"南宋的泰州，已近北方边境，故派武将前去治理，同时还开展屯田事宜。辅逵到任后，对泰州的官员说："吾目不识丁，手不能书，但心能烛理，耳能听讼尔。"泰州在辅逵的治理下，人民安居乐业，太平有象，可见辅逵这个人能文能武，实在是难得的干才！

辅逵的去世年月，文献没有记载，难以考证，期待有朝一日能发现他的墓志铭。不过，从辅逵一生事迹来看，他出生的时间大概在12世纪初，宋孝宗乾道年间（1165—1173）还在泰州任上，大约死于淳熙年间（1174—1189），至少活到了七十岁。

据黄宗羲《辅潜庵传》，辅逵有四个儿子，分别为辅廉（字清卿）、辅广（字汉卿）、辅庠（字周卿）、辅庚（一作康，字安卿），除了辅广，其他三位生平不详。

虽然也有传记说辅逵"流寓崇德生广"，但据黄宗羲的考辨，则辅广"出生军中"。若就其相关人物的年龄推断，则辅广最有可能是在辅逵升任殿前司前军统制期间出生，"出生军中"较为合理。

辅广的父亲辅逵是抗金名将,曾任殿前司前军统制等职,约宋绍兴十五年(1145),辅广出生于军营之中。

第二章　崇德有少年

辅氏家族南迁，最后的目的地就是今天的浙江桐乡，当时的崇德县。南宋的崇德，正是京畿之地，运河往来，交通便利，经济与文化极为繁荣。但是辅氏家族到崇德后，定居何处？还有辅广其人，生于何年卒于何年？记载虽然不详，然而综合文献推究一番，则还是可以找到虽不中亦不远的答案。

一

后晋天福三年（938），吴越国析杭州嘉兴县西南的崇德、南津、语儿、千乘、积善、石门、募化七个乡，设立崇德县，设县治于义和市（今桐乡市崇福镇），隶属杭州。天福五年（940）于嘉兴县置秀州，崇德县改为隶属秀州（今嘉兴）。当时的崇德县，面积不大。到了宋神宗熙宁十年（1077），又从嘉兴县划入梧桐、千金、永新、清风、保宁五个乡。明宣德五年（1430）析崇德东境募化、千金、保宁、清风、永新、梧桐六乡设立桐乡县，设县治于梧桐乡凤鸣市（今梧桐街道）。1958年，崇德县又并入桐乡县，1993年，桐乡撤县设市。也就是说，在熙宁十年以前，今梧桐、屠甸、乌镇、濮院、石门、高桥等镇（街道）

的大部分区域，都是嘉兴县的地域，不属于崇德县。因此，就现状的渊源来说，熙宁十年是浙北区划史上最重要的一年，现在的桐乡市区域主体奠基于此。

宋代，尤其是南宋，是桐乡（论及地域，以下泛称桐乡）社会、经济、商贸、文化的大发展时期。本地双季稻格局奠定于北宋，蚕桑经济也在宋朝大放异彩，至元《嘉禾志》记载帛类十三种，十一种出自崇德县，即此可见。桐乡明清两代至近代的繁荣，亦多伏笔于此。为什么这样说？以明清两代的文化世家为例，比如今属石门镇的丘氏家族、颜氏家族，凤鸣街道的陈氏家族、蔡氏家族，崇福镇的陆氏家族，濮院镇的濮氏家族，乌镇的张氏家族、沈氏家族等，都是两宋时期迁入并逐步发展为地方望族的。

宋朝时期桐乡的繁荣景象，宏观上看，是中国经济中心南移的结果，尤其与南宋迁都杭州息息相关。桐乡的发展与杭州的城市发展同步，水涨船高。当然，其他地方如德清、海宁、余杭等地皆然。这是桐乡第一次大规模的"融杭发展"。

从具体的区域来看，桐乡处太湖、钱塘江之间，水乡平原，最适合农业经济的发展，当然在战争年代，平原是四战之地，容易遭受破坏，比如元顺帝至正二十六年（1366），徐达（1332—1385）、常遇春（1330—1369）与张士诚（1321—1367）的女婿潘元绍决战于乌镇、皂林一带，生灵涂炭，皂林元气大伤，从此一蹶不振。

所幸宋代三百年，本地没有发生大的战乱，即使宋元易代，基本上是平稳过渡。举个例子，宋理宗淳祐年间（1241—1252），崇德县有户五万一千二百二十一，到了元世祖至元年间（1264—1294），有户五万五千四百，三四十年左右，人口稳中有升。元成宗元贞元年（1295），崇德升州，前提即在户口，五万户以上的县一律升州，崇德升为州，是南宋奠定的基础。当时全国升州的县一共四十四个，说明宋代崇德县，已名列中国"百强县"，而且至少是五十强之内。我们再做个横向比较，当时湖州之德清、归安、乌程，杭州之仁和、余杭、钱塘都只是县，没有升州，可见崇德县在宋元时代的杭嘉湖一带，是非常辉煌的。

宋代桐乡的繁荣，运河是一个重要因素。宋朝时期，杭嘉湖平原的水系主干是隋唐古运河，隋唐古运河穿流而过，苏杭要道，地理位置举足轻重。元末开凿下塘河，从崇福到大麻经塘栖而至杭州。无论隋唐运河还是下塘河，桐乡始终处于咽喉地位，尤其是崇福镇。这虽是后话，但也反映出当时崇德县以及崇福镇在苏杭之间的地位之重。

以运河为主干，其他支流分布密集，比如东西向的沙渚塘，南北向的金牛塘、白马塘，都是非常重要的补充。其中沙渚塘、白马塘都有与宋高宗南渡相关的传说，尤其是南沙渚塘，至今还有非常多的桥名、地名，传说与宋高宗有关，比如扶驾桥、落驾马桥、御驾桥，虽未必可信，但至少反映了这几条河流在宋代的交通地位。发达的水系，对交通运输、农业灌溉、生态环境都有重要影响，这是城市繁荣良好的先天基础。

进入南宋，杭州成为都城，城市人口增加，消费能力增强，周边地区势必成为杭州最重要的物资供应地。崇德县成为京畿，都城的"三环"，先天基础一发而转为后天优势。北宋时期，沈括（1031—1095）《秀州崇德县建学记》说"崇德为远邑"，即离都城太远；南宋时期，陆垹（1155—1216）《崇福田记》则说："崇德去都为最近，数十年来，户口充斥，人物繁夥。"区位优势马上凸显。这个时期，旧有的市镇进一步扩展，比如乌镇，南宋薛季宣（1134—1173）在《湖州与黄侍郎书》中说："虽曰镇务，然其井邑之盛，赋入之多，县道所不及。"

南宋时期，新的市镇逐步产生，濮院（永乐市）、洲泉都成为新兴市镇。随着新兴市镇的产生，商业世家也开始涌现，比如濮院濮家，宋元时期有濮氏八宅、四大牙行、二十六庄，经济实力雄厚。此后濮院商贸愈盛，人口渐聚，由草市而市镇，贩夫走卒四方鳞集，而无羁泊之苦。张文镐（1874—1924）《濮川地理史》说：

> 宋末，濮氏经营家业，兴机杼之利，商贾渐以四集。咸淳中，濮振又好客广交，多构宅第，以馆游子，多有占籍为家者，长子孙、繁族姓焉。元至大后，机业日盛，客至益多，昔日聚落，遂以成镇。

经济商贸的繁荣，直接带动了文化教育的发展。比如地方志的撰写，《语溪志》《乌青记》都在宋末完成，前者是桐乡历史上第一部县志，后者是中国最早的乡镇志之一。又如出版业，乌镇张氏，从五代以来就从事出版业，是出版世家，宋人曹士勉《法帖谱系》记载《淳化阁帖》二十二个版本，就有乌镇张氏本，而且他说这个本子"颇胜诸帖"，可见质量之高。再如桐乡教育最重要的事件也在北宋。宋神宗元丰八年（1085），知县吴伯举在县城运河西岸创办崇德县学，学田五百五十六亩，这是境内第一所由官府开办的学校。沈括撰写《秀州崇德县建学记》，米芾（1051—1107）书丹，刻石立碑（后遭毁）。作为教育传播之地的，还有南宋时期的传贻书院、白社书院。

元丰八年（1085）以前，崇德地方志上没有人中进士的记载，而北宋末年却出了七个进士，著名的有沈晦（1084—1149），他是宋徽宗宣和六年（1124）甲辰科状元，据《玉照新志》说，他"家于秀之崇德县"。具体位置，《嘉禾志》记载说在"崇福寺西赵家巷"，可见沈晦虽然是钱塘籍，但其实已经定居于当时的崇德县。沈晦是嘉兴地区第一个状元，崇福镇上的状元坊，即为沈晦而建。到了南宋，崇德县共有进士七十四人。这一时期，因为宋室南渡，大量文化世家随之迁入，如莫、赵、徐三姓，而他们中进士就有三十六人，这些家族均为新居民。其中，桐乡历史上第一个在正史列传的人物陈垲（？—1268），原籍福建，从他父亲陈炳开始迁居崇德县。南宋科举则以莫氏五桂最为出名，兄弟五进士，海内稀见，崇福镇五桂坊地名即源于此。新迁家族对地名的影响，非常多见，如洲泉的生贤里，即因南宋名相赵汝愚（1140—1196）出生于此得名。

宋室南渡，中原大族纷纷南迁，多有迁入当时崇德县者。吕在廷（1875—1958）《语溪诗系》说：

> 直至宋之南渡，地为畿辅，人文荟萃，贤士大夫之生于斯，宦于斯，客于斯，往来于斯，饶有渊源，流风余韵，犹有存者。

其中就以洲泉最为著名，有近二十家之多，包括北宋名相苏颂（1020—1101）的孙子苏师德（1096—1175）家族、兵部尚书吕安老家族，以及南宋名相赵汝愚家族。建炎、绍兴之间洲泉曾有祇园诗社之举。其次如石门的东张、西张两大家族，也是南宋时迁居来的，代表人物是宋末元初的张伯淳（1242—1302），他是赵孟頫（1254—1322）的姐夫，其事迹收录在《元史》列传中。

以上说的都是市镇，除此之外，凤鸣街道福严寺一带，虽是乡村，却是南宋时期桐乡文化一个特别重要的区域，福建蔡氏家族、陈氏家族都定居在这个范围，《宋史》列传中的陈垲，就是凤鸣街道合兴村人。这两个文化世家，以后可以进一步深入研究。

南宋时期，迁居或者寓居桐乡的文化代表有如下几位。

陈与义（1090—1139），号简斋，江西诗派一祖三宗之一，诗词俱佳，其《牡丹》即作于乌镇：

一自胡尘入汉关，十年伊洛路漫漫。

青墩溪畔龙钟客，独立东风看牡丹。

另有《无住词》，则以乌镇有无住庵而得名。元初赵孟頫游乌镇芙蓉浦时，曾题匾额"简斋读书处"。

张抡，南宋初期重要词人，迁居乌镇，著有《莲社词》，与《容斋随笔》作者洪迈（1123—1202）交好。他的《烛影摇红》堪称名作，下片末词句曰：

今宵谁念泣孤臣,回首长安远。可是尘缘未断。谩惆怅,华胥梦短。满怀幽恨,数点寒灯,几声归雁。

附带说一下,南宋时期彭城时氏家族迁居崇德县,代表人物时橄,他有两个女婿,一个是莫氏五桂之一的莫元忠,一个是鼎鼎大名的状元词人张孝祥。张孝祥(1132—1170)既是时橄的女婿,也是他的外甥。从姻亲网络看,宋元桐乡可谓大放异彩,除了张孝祥,还有陈炳,他是一代名相洪遵(1120—1174)的女婿,洪遵就是洪迈之兄。

宋代是桐乡文化特征奠基的时代。桐乡历史,从宋朝开始一直到明清,文化上最明显的特征,就是理学的底色。这个特征的形成,起源于黄榦(1152—1221)与辅广。黄、辅都是朱熹的门生,黄榦到石门做官,辅广则是居住于崇福,从他们以后至明清,当地的文化始终以朱子学为主干。宋末的卫富益,元朝的俞镇、鲍恂,明朝的程本立(?—1402),学术思想上都是程朱一系。杭嘉湖地区入祀孔庙的共有四人,桐乡就占了两位:辅广、张履祥。再如吕留良(1629—1683),是清初崇尚朱子学的健将。这些现象的出现,都得回到宋朝来讲。明朝崇德人胡其久有一本书,书名为《语溪宗辅录》。语溪,是崇德县城的古称;宗,尊敬、尊崇;辅,就是辅广,宗辅,即宗辅广。"语溪宗辅"四字,言简意赅地反映了辅广在桐乡历史文化的地位。

二

宋朝是中国古代文明的顶峰，反映在桐乡亦然，最突出最集中的体现，无疑是崇德县城崇福镇，崇福镇就是辅氏家族南迁的归宿地。辅氏家族迁居崇福的时候,崇福究竟是个什么样子?

崇福是县城，设有县衙门、县学、书院、税务、酒务、河泊司等政府机构，这些机构反映了崇福作为区域政治中心、文化中心的地位，不是一般市镇所能比拟的。

崇福镇的名字，来自宋代。宋真宗天禧二年（1018）六月十五日，悟空院（始建于梁朝，原名"常乐寺"）改名"崇福寺"，这就是"崇福镇"名字的来历。宋真宗天禧二年到如今已经一千余年了。崇福镇，是目前桐乡市唯一源自宋朝而且可以追溯确切年月日的镇名。

南宋时期,更是崇福历史上的大发展时期,清初的钟朗在《石门县志序》中说：绍兴（宋高宗年号）以后，遂称文献之邦。这是一个非常正确、简要的表述。崇福镇位于南宋都城临安（今杭州）的"三环"，区位优势突出，南宋时期的临安，人口超百万，这是崇福史无前例的发展机遇。沿着京杭大运河，从临安出发，崇福是第一个县城，苏杭要道，南北必经之路，商贸繁华，"路过"文化极其发达，是"宋诗之路"的重要一环。

说到"路过"文化，这里举一个例子。绍兴六年（1136）九月初二，宋高宗从临安出发，到前线视察。陪同的有赵鼎（1085—1147）、范冲（1067—1141）、朱震（1072—1138）、陈与义、朱敦儒（1081—1159）、陈公辅（1076—1141）、刘锜、赵密等人，这些人《宋史》中都有列传，个个都是龙虎之士，堪称南宋初期的政治精英团队。他们出临安后的第一夜，也即九月初三之夜，皇帝的龙舟就选择在崇德县城停泊。宋高宗还接见了县令，谈了风俗，问了民生疾苦。这段历史，记录在赵鼎的《丙辰笔录》中：

> 初三日，发临平，晚过长安闸。……夜泊崇德县，令赵涣之，对舟中。上巡幸所过，必延见守令，省风俗，问民疾苦也。初四日，发崇德，晚泊皂林，风稍止。

南宋时期的崇福，西为湖州府之大麻镇，南为临安府之长安镇，崇福是标准的杭嘉湖中心，地理位置决定了区位优势，大量外来人口的涌入，为崇福的文化、经济发展注入了史无前例的动力。

其他不说，单说纺织业，上文已说过，南宋时期，至元《嘉禾志》记载的十三种纺织品，就有十一种产于崇德县，主要集中在崇福镇。史念海先生《中国历史人口地理和历史经济地理》说：构成长江下游太湖及其附近地区的富庶不仅是由于农业的发展，纺织业也是其中一个重要的因素，并指出长江下游丝织业的实际发展是宋室南渡以后的事情。崇福丝织业正好是这段论述的一个注脚。

这个时期的崇福镇，人口密集，达到了历史人口的峰值，同时也带来了建筑的繁荣，陆埈《崇福田记》就描述了这种景象：

> 况浙水为今行畿，崇德去都为最近，数十年来户口充斥，

第二章 崇德有少年

人物繁夥，凡囊者宜桑麻，长鸡豚，可以践牛羊之地，今皆列屋生聚于其中，故虽蕞尔子男之邦，佛祠之额十有六，崇福其大刹也。

从前的田野里，房屋一幢接一幢地兴起，像崇福寺这样的大刹也随之而香火鼎盛起来，可以想见当时崇福镇的繁华！

同时，崇福镇文化世家林立。北宋时期，从外地迁入崇福镇的，就有华亭卫淇家族、钱塘沈晦家族。到了南宋，迁入崇福镇的文化世家数量更多，著名的就有莫、方、俞、陆、蔡、陈、辅、刘、时等，这都体现了南宋崇福的区位优势和文化包容，南宋是一个包容的时代！

迁入崇福的刘家，政治地位非常高，主人叫刘懋，他是刘贵妃的父亲，宋高宗的岳父，标准的皇亲国戚。南宋的崇福"新居民"中，莫家出了兄弟五进士，蔡家出了兄弟两进士，陆家祖孙三代进士，这些科举辉煌，反映在地名上，就有了五桂坊、褧桂坊等。这些地名，有的一直沿用至今，有的还可以重新激活，这些都是崇福的"地名标识系统"。

因为处于京畿重地，所以南宋时期崇德县的官吏选拔就特别严格，比如南宋的知县楼演、黄元直，都出自名门世家：楼演是宋高宗时期参知政事楼炤（约1073—1145）的曾孙，黄元直是宋孝宗时期一代名臣黄度（1138—1213）的孙子，他们都受过优良的教育，到了崇福，造福一方，黄元直还主编了桐乡历史上第一本县志《语溪志》。不要说知县，即使主簿一级的，考选同样严格，比如宋理宗时期，崇德县有一位主簿，叫周孺文，他就是黄度的曾外孙，他的祖父周南是著名学者。周孺文到崇福的时候，当时主簿厅已经废弃，他自己出资五十万造了主簿厅。

三

崇福镇是辅氏家族南迁的归宿地，但文献记载含混不清。辅逵南渡后寓居崇德县，具体地点在哪里呢？胡其久的《语溪宗辅录》说辅逵"流寓崇德，居孝义里"，这是目前能见到的辅逵寓居地的最早记载，或许就来自南宋末年的《语溪志》。但按至元《嘉禾志》，崇德县有两个"孝义里"，一个在语儿乡，一个在南津乡，辅逵究竟寓居在语儿乡还是南津乡？或者孝义里在南津、语儿两乡之交，分属两乡，实为一里？幸亏黄宗羲《辅潜庵传》记载得更详细，他说辅逵"老居崇德之晚村"。黄宗羲是余姚人，在崇德县教过书，他的记载不会空穴来风。古代的村比里要小，崇德县的晚村，属南津乡。因此，黄宗羲的记载跟《语溪宗辅录》并不矛盾，两者结合，大致可以推测，辅逵寓居崇德县的具体地点，应该是在南津乡孝义里的晚村，今属桐乡市崇福镇范围。当然，这个晚村，不是现在洲泉镇的晚村，洲泉镇的晚村，古代叫识村，民国以后才改名晚村，这是后话。辅逵卒后则葬于前朱村，当时隶属永新乡，今属乌镇。另据光绪《桐乡县志》之辅逵传：

辅逵，庆源人，少隶背嵬军，继从杨沂中征讨，屡建奇功。南渡后，家邑之永新乡，聚族而居，辅家港因以得名。

第二章 崇德有少年

桐乡之永新乡有辅氏聚族而居,有"辅家港"之村名,应当不是辅逵晚年的居所,而是卒后部分族人的居所。

辅广虽是宋代理学的重要人物,但他的生平事迹,文献记载稀少,有非常多的问题都难以考证。首先是他的生卒年月,文献没有记载,哪怕相对具体一点的时间范围,也难以推定。现在只能根据一些材料,大致给出一个略显空泛的时间段。

关于辅广的出生年代,正德《崇德县志》说:"父逵,流寓崇德,生广。"《语溪宗辅录》说:"父逵,流寓崇德,居孝义里,生广。"从这个记载来看,似乎辅广是辅逵寓居崇德以后出生的。那么,辅逵是何时寓居崇德的呢?《辅潜庵传》说辅逵"老居崇德之晚村",点出了一个大概时间,即辅逵老年的时候才定居崇德,这是可信的,因为我们看辅逵的生平,他先后隶属韩世忠、王燮,一直在地方驻守,不可能年轻时就寓居到崇德来。辅逵隶属殿前司这段时间最长,前后有近三十年之久,这三十年里,他一直在临安。到了宋孝宗乾道年间(1165—1173),辅逵从殿前司离任,去泰州做知州事。这一年,他至少已经六十开外了,因此,所谓"老居崇德",只能是他从泰州退休以后的事,年纪已经七十多岁了。说辅广出生在这个时候,不近人情,殊难置信,何况辅广下面还有两个弟弟呢!因此,正德《崇德县志》以及《语溪宗辅录》所谓"流寓崇德,生广"的说法,只是泛写,并不存在先后关系。

黄宗羲说辅广"生于军中",这个说法不知所据,但他给出的大致范围没有问题,不过显得空泛罢了,因为辅逵从建炎元年一直到宋孝宗乾道年间,四十年左右,一直都在军中。那么,辅广出生的年份,从建炎元年(1127)至乾道九年(1173)都有点儿符合,这范围太过宽了,我们是不是还可以略微缩小一些呢?

这就要从他的第一任老师吕祖谦说起。吕祖谦出生于绍兴七年(1137),卒于淳熙八年(1181),从正常情况看,辅广的年纪肯定小于吕祖谦(吕成公),也即出生在绍兴七年以后,淳熙八年以前。当然也小于朱熹(朱文公),自不必多说。黄宗羲的《辅潜庵传》说:

> 先生生于军中,以父恩授保义郎,转忠训郎,漕举四试不第。始从吕成公游。已至武夷,问学于朱文公,留三月而后返。

漕试是两浙转运使司的科举考试,也即举人考试。这个记载,透露出一个重要信息,那就是辅广参加了四次漕试,都没有中举,然后才拜师吕祖谦,成为他的学生。乾道六年(1170),吕祖谦被任命为太学博士。辅广从吕祖谦学习,大约就在此时。但辅广在从师之前,已经参加过四次漕试,年纪肯定不小,至少也当在二十出头了,假定辅广从学吕祖谦时在乾道六年(1170),那么他的出生年大概就在绍兴二十年(1150)或者更早。黄榦在书信中称辅广为"辅丈",则其年纪应该比他大,黄榦生于绍兴二十二年(1152),因此,比较保险地说,辅广出生在绍兴七年(1137)以后,绍兴二十二年(1152)以前,当无大问题。再进一步推测,则绍兴十年(1140)似太早,绍兴二十年(1150)又太晚,那么折中一下,取一个约数,则生于宋高宗绍兴十五年（1145）前后。

辅广去世于什么时候，同样是一个谜，现在所能见到的文献都说他在嘉定年间（1208—1224）归隐语溪，教授生徒终老，但究竟去世于何时文献无征，这又只能推测了。崇德人朱鹏飞，是辅广的学生，考中宝祐元年（1253）进士，考中进士不是容易的事。假定这一年朱鹏飞三十岁，则他出生的年份当在嘉定十六年（1223）左右，那么算他十五岁从学辅广，也已在嘉熙二年（1238），是年辅广至少已近九十岁了。再做一个假定，朱鹏飞若中进士时已经五十岁，他十五岁从学辅广，则在嘉定十一年（1218），是年辅广在七十岁上下。若给一个折中的判断，辅广卒于宋理宗宝庆元年（1225）前后，则享年八十岁。

当然，因为文献的不足，非常无奈，对于辅广的生卒年只能做一些大致的推测。

辅广一直生活在崇德吗？倘若不是，那么他是什么时候来崇德的？如上所述，按照地方志的记载，似乎辅广从出生开始就生活在崇德了，但这并不可信，因为辅广的父亲要到了晚年的时候才寓居崇德，已在宋孝宗乾道年间（1165—1173）或之后，这时的辅广已经是一个成年人了。从《辅潜庵传》辅广"生于军中"的记载，再结合上述考察，辅广出生的时间，当在他父亲在殿前司任职期间，殿前司是皇帝的近卫军，因此辅广从出生到成年，大约都生活在临安。当然也不排除辅逵在殿前司任职期间，已经在崇福购置产业，并将家眷安置于崇福的可能性。那么，少年时代的辅广，或许曾在某一时期，就在崇福镇南津乡孝义里的晚村生活、学习。但就其一生来看，为了科举以及其他，辅广青壮年的大部分时间仍在临安，无论读书与交游，抑或讲学与著述。

  还有必要指出的是，辅氏家族，直到辅逵为止，大抵都是武将。然从辅广一辈开始则堪称"文武双全"！或许因为辅逵晚年已经改从文职，又或许辅逵已经注意到了宋代文官的地位较高等原因，故而辅广他们兄弟几个，虽不是彻底弃武从文，如辅广"以父恩授保义郎，转忠训郎"，保义郎、忠训郎都是武职，属右侍禁军；再如后世辅广之子仍有从事武职的，但他们从少年时代开始就努力读书、参加科举，甚至连辅广的堂弟辅万，也是如此。

辅逵身为武将,晚年则改为文职,辅广兄弟也在父亲的督导之下,读书识字。

第三章　从游吕东莱

辅广一生，也许还应该包括他的堂弟辅万，共有两位非常重要的老师，一是吕祖谦，另一是朱熹，这两位都是南宋初年最为重要的思想家，且是学侣，又与张栻并称"东南三贤"。吕、朱二人相关的研究著作、人物传记都较多，故不再赘述。

值得注意的是，后世也习惯只将辅广以及辅万，视作朱子门人，而很少提及吕祖谦。关于吕祖谦金华婺学相关的研究中，也没有提及过辅氏兄弟。即便是辅广本人，亦以朱子学为最终之依归。这在细节上即可明显感知，比如《诗童子问》在讲《关雎》时说"所谓在父母家者一句，东莱先生固已辨之，至先生而极其详焉"；讲到《桑中》时说"而先生尝与东莱先生书曰：向来所论《诗序》之说，不知后来尊意看得如何"，等等。辅广称吕祖谦为"东莱先生"，称朱熹则为"先生"。虽然只是一个称呼，就足以看出辅广对两位老师的态度了。所以全祖望在《宋元学案》之《潜庵学案》中写道："朱子门人，潜庵其眉目也。"视辅广为朱子学说的嫡派传人。然而辅广从游于吕祖谦，毕竟是他走向学术之路的关键一环，故对于吕祖谦其人其学，辅广从游吕氏的时间、地点以及影响等，还需要做一概述。

第三章　从游吕东莱

一

吕祖谦（1137—1181），字伯恭，学者称东莱先生；谥"成"，后世亦称吕成公；封开封伯，景定二年（1261）从祀孔庙。吕氏家族原籍山西，后徙寿春、开封，南渡之后定居于婺州（今浙江金华）。因其外祖父、著名诗人曾几（1084—1166）时任广西转运使，故吕祖谦出生于桂州（今广西桂林）。主要著作有《东莱文集》《吕氏家塾读诗记》《春秋左氏传说》《东莱博议》《大事记》等。

《宋元学案》概括其学术说："本于天资，习于家庭，稽诸中原文献之所传，博诸四方师友之所讲，融洽无所偏滞。"吕祖谦出身名门望族，十世官宦人家，如吕蒙正（944—1011）、吕夷简（978—1044）、吕公弼（1007—1073）、吕公著（1018—1089）等都是北宋名臣；五世祖吕希哲（1036—1114），曾任兵部员外郎、崇政殿说书、秘书少监、光禄寺少卿等职；曾祖父吕好问（1064—1131），字舜徒，靖康年间（1126—1127）曾任御史中丞、兵部尚书。所以他家藏中原文献，精通经史之学，后曾参与编纂《徽宗皇帝实录》《宋文鉴》等。吕祖谦又有四方师友之助，其中最为重要的当是朱熹、张栻以及陆九渊、陆九龄兄弟。吕祖谦一生推崇二程，他曾在《白鹿洞书院记》中说：

　　河南程氏、横渠张氏，相与倡明正学，然后三代、孔孟之教始终条理，于是乎可考。熙宁初，明道先生在朝，建白学制，教养考察，宾兴之法，纲条甚悉。

此处将"河南程氏"置于"横渠张氏"之前,并且强调程颢(明道)"建白学制"等功绩,可见相比关学而言,则洛学更为其所推崇。事实上,无论家学还是师承,吕祖谦都与洛学渊源最深。吕氏家学"不名一师",善于综合多家而共铸其独特的金华吕氏之学。吕祖谦去世较早,朱熹曾作有《祭吕伯恭著作文》,该文对于认识吕祖谦其人其学颇有助益,故节录如下:

呜呼伯恭!有蓍龟之智而处之若愚,有河汉之辩而守之若讷。胸有云梦之富而不以自多,词有黼黻之华而不易其出。此固今之所难,而未足以议兄之仿佛也。若乃孝友绝人,而勉励如弗及;恬淡寡欲,而持守不少懈;尽言以纳忠而羞为讦,秉义以伤躬而耻为介。是则古之君子尚或难之,而吾伯恭犹欿然而未肯以自大也。盖其德宇宽洪,识量宏廓,既海纳而川停,岂澄清而挠浊。矧涵濡于先训,绍文献于厥家。又隆师而亲友,极深探讨之幽遐。所以禀之既厚而养之深,取之既博而成之粹,宜所立之甚高,亦无求而不备。

有智而处愚、有辩而守讷,胸中有才华而不张扬,这是"今之所难",但在吕祖谦则完全出于自然;还有孝友、恬淡、尽言、秉义,也是"古之君子"也觉得难,但吕祖谦还"未肯以自大"。所以在朱熹看来,吕祖谦"德宇宽洪,识量宏廓",具有"海纳而川停"的气魄,这是其为人最大的优点。至于其学术,则来自文献之家学与师友之探讨,然后"禀之既厚而养之深,取之既博而成之粹",所以立之高而无不备,也即有着博采众长的优点。

这些赞词不乏朱熹作为吕祖谦挚友的偏爱,但也基本符合其实际。

事实上,吕祖谦生前本是浙学之宗主,在当时的浙江学界其影响力其实超过朱熹,宋理宗之后朱子学成为官学,金华吕氏之学才渐渐为朱子学所遮蔽。吕祖谦平易近人,对待不同学术都有一种包容的态度,《宋史》本传说:"心平气和,不立崖异。一时英伟卓荦之士皆归心焉。"全祖望则在《宋元学案》卷六十《说斋学案》指出:

> 乾淳之际,婺学最盛。东莱兄弟以性命之学起,同甫以事功之学起,而说斋则为经制之学。考当时之为经制者,无若永嘉诸子,其于东莱、同甫,皆互相讨论,臭味契合,东莱尤能并包一切。

也就是说,就儒学的内涵而言,则可分为性命之学、事功之学与经制之学三类。当时的浙学,无疑以吕祖谦为代表的、讲求性命之学的金华婺学最为兴盛,吕祖谦与陈亮(同甫,1143—1194)等人都能"互相讨论,臭味契合",故吕祖谦"并包一切"的能力,是浙学兴盛的关键因素。吕祖谦死后,其胞弟吕祖俭(1146—1200)继续在丽泽书院讲学。而陈亮为代表的永康之学,则是将事功之学发展到了新的高度;此外还有唐仲友(说斋,1136—1188)的经制之学,也自成一家。

二

关于吕、辅二人如何交集的考索,要先从了解吕祖谦的生平开始。

吕祖谦因其出身于仕宦之家，故先是恩补为将仕郎，改右迪功郎，授严州桐庐县尉等职，都未去上任；隆兴元年（1163）先考中博学宏词科，接着又中进士，特授左从政郎，改差南外敦宗院宗学教授。乾道二年（1166）十一月，吕祖谦为母亲守丧，居明招山教授学子。次年八月，以太学博士补严州学教授；乾道五年（1169）到严州任所；乾道六年（1170）升任太学博士，并兼国史院编修官、实录院检讨官。乾道八年（1172），任秘书省正字，点检试卷，参与礼部考试，其间结识陆九渊，吕、陆之间的友谊也一直都非常融洽。

乾道九年（1173）为父守丧，吕祖谦回明招山继续讲学，在此期间问学诸生前后达三百人。淳熙元年（1174）独居明招山，潜心治学。淳熙二年（1175），朱熹原本与吕祖谦有雁荡之约，然因故爽约，于是吕祖谦前往福建崇安，共计四十多天，留住于朱熹的寒泉精舍，并一同出游，还选编了《近思录》。随后朱熹送吕祖谦归浙，特意赴江西上饶的鹅湖寺，与陆九龄、陆九渊兄弟举行会讲。

淳熙三年（1176），吕祖谦守丧期满，于是再度出仕，升任秘书省秘书郎，并兼国史院编修官与实录院检讨官。到职后，奉命重修《徽宗实录》，发现旧稿错误甚多，故全力以赴修订此书。下一年《徽宗实录》修订完毕，呈送宋孝宗，吕祖谦在面呈奏表之际，恳请皇帝虚心求士，励精图治。淳熙五年（1178），奉诏编修《皇朝文海》，乃根据诸家文集，并旁采传记他书而成，共有一百五十四册。此书的编修采撷精详，得到宋孝宗嘉许，特赐名为《皇朝文鉴》。然而吕祖谦本人却因长期劳累过度而病倒，第二年便南归金华，其妻芮氏去世则加剧了他的疾病。淳熙八年（1181）七月，吕祖谦英年早逝。

由此可知，乾道二年（1166）吕祖谦在金华明招山为母亲守丧期间，就开始讲学，四方学者慕名而来者甚众。然而辅广想要从游于吕祖谦，则应当是在临安，故主要有两个时间段：一是乾道六年（1170）至乾道九年（1173），此时吕祖谦被任命为太学博士，成为最高学府的老师，最有可能接待学者的问学；一是淳熙三年（1176）至淳熙六年（1179），吕祖谦任秘书省秘书郎等职期间。比较而言，辅广最初问学于吕祖谦，当在乾道六年，或许后来又有多次问学，然相关史料缺乏，无法考辨。

值得补充的是，辅广对朱熹其人其学的了解，也应当是在从游于吕祖谦期间，现在可以证明辅广先问学于吕祖谦，后又问学于朱熹的相关史料，也在朱熹的文集之中。其一为《晦庵文集》卷五九《答辅汉卿》之中所提及的："汉卿身在都城俗学声利场中，而能闭门自守，味众人之所不味，虽向来金华同门之士，亦鲜有见其比者。"这一通书信作于辅广最初向朱熹问学之际，此时吕祖谦刚刚去世，朱熹说辅广能够在都城的声色名利场中闭门自守，这在同样受学于金华吕祖谦的那些同门之中"鲜有见其比者"，也就是说在当年同游于吕氏之门的学生中，辅广给朱熹留下了深刻的印象。类似的意思，朱熹在另一书信，《晦庵文集》卷四六《答吕子约》之中也有表述：

风色愈劲，精舍诸生方幸各已散去。今日辅汉卿忽来，甚不易。渠能自拔，向在临安相聚，见伯恭旧徒无及之者。

说话尽有头绪，好商量，非德章诸人之比也。

吕子约即吕祖谦之弟吕祖俭，故此信值得特别关注。写此书信时已是庆元党禁之中，朱熹的沧洲精舍诸生渐渐散去，唯独辅广却不顾"风色愈劲"，来到武夷山中。于是朱熹又想到当初在临安相聚之时，吕祖谦（伯恭）的那些"旧徒"，认为"无及之者"，这不仅是对辅广品德的赞扬，因其不同流俗，洁身自好，故为吕祖谦门人之中的佼佼者；同时也是对其学问的赞扬，"说话尽有头绪，好商量"。也就是说，辅广是一个非常善于学习的人。

三

吕祖谦任博士时候与弟子们的答问，并没有被编成诸如《朱子语类》这样的著作，故而辅广当时如何向吕祖谦请教的具体情形已不可考，然而吕祖谦还有《答学者所问》一篇，则正是任博士时期的答问记录，只是没有标明分别为何人所问，其中应当包括了辅广等人，故选摘其中的三段，以呈现辅广从游吕祖谦时期，师生答问的盛况。先看第一段：

《孔子闲居》："天有四时，春秋冬夏，风雨霜露，无非教也。地载神气，神气风霆，风霆流形，庶物露生，无非教也。"向闻只是饥食渴饮，毕竟未晓。

此章但当体察，不必笺注。

这段有学生问《礼记·孔子闲居》中的一章，论及各种天象"无非教也"，那么这与日用之间的"饥食渴饮"相关的教化又有什么差别呢？对此吕祖谦的回答是"但当体察，不必笺注"，也就是说，不必过多推究文本，而是天象之中自己去体认、省察而已。再看第二段：

> 又问："中和"二字如何？
> "中和"二字更须玩味体会，若只欲解说，则前人之说固多矣。
> 又问："所过者化"，不知是化人与自化？
> 所过者化，不必分自化与化人。

此处学生的第一问，吕祖谦回答《中庸》之"中和"二字的认识，关键在于"玩味体会"，而不在"解说"，因为前人的解说很多了，不必再增补什么。第二问《孟子·尽心》的"所过者化"四字，到底是指"化人"还是"自化"，吕祖谦认为"不必分自化与化人"。再看第三段：

> 《遗书》云："于物上理会也得，不理会也得。"《注》云："且须于学上格物。"不知如何是"学上格物"？
> 物不外理，理不遗物，故曰："理会也得，不理会也得。""学上格物"，凡有体段形象可见可言者，皆物也。

此处说的是"格物穷理"，讨论的是《二程遗书》中程颐的话"于物上理会也得,不理会也得",其中有程颐的"自注"则说"且须于学上格物,不可不诣理也"。对此疑惑,吕祖谦并不将之引向理论问题,而是强调"凡有体段形象可见可言者,皆物也",也就是说在具体的实践之中所遇见的事事物物,都应当毫不遗漏地加以理会体察。

综合而言,吕祖谦与学生们的答问,大多强调的是日常生活之中的道德实践,并不过于关注理论的问题。若仔细研读《吕祖谦全集》之中的相关"答问"之类,则更可以知道,吕祖谦关心的大多是在历史上的各种人事之中,推究政治之得失,至于形上思辨的问题则关心较少,这是他与朱熹存在较大区别的地方。据《朱子语类》卷一百二十二,朱熹也曾有过评价:"伯恭于史分外仔细,于经却不甚理会。……史学甚易,只是见得浅。""伯恭动劝人看《左传》、迁《史》,令子约诸人抬得司马迁不知大小,恰比孔子相似!"由此可知,吕祖谦确实以史学见长,而这却让朱熹有些不满。

辅广后来问学于朱熹,然后沿着朱熹的学术道路发展,对于史学下的功夫则较少,似乎也只有已经亡佚的《通鉴集义》一书,或许受到吕祖谦的影响;还有卫湜《礼记集说》说辅广的《礼记》注释之书,"仿吕氏《读诗记》编集,间有己说",似可说明辅广对《吕氏家塾读诗记》等吕祖谦著作深有研究。其实本章开篇即已提及,在《诗童子问》中辅广也讲到吕祖谦此书,并将之与朱熹《诗集传》加以比较。他并未忘却这位早年的恩师。

辅广少有大志,然而四试不第,于是专攻儒学,先师从于吕祖谦,成为其门下之英杰。

第四章　问学朱文公

问学朱熹,对于辅广来说,可谓一生之中最大的事。甚至可以这样说,有朱熹然后有辅广,后人记得辅广以及他能够从祀孔庙,都是因为"羽翼朱子"之功。然而因为辅广本人没有诗集或文集存世,故他是如何遇见朱熹,并如何问学,等等,其中故事实难言说。然而通过朱熹《晦庵文集》的八通书信以及《朱子语类》相关语录,也可以大略考辨清楚辅广问学的具体时间与地点,还可以知晓他们师徒二人共同关心的人物与话题。

一

朱熹(1130—1200),字元晦,又字仲晦,号晦庵,生于福建尤溪,祖籍徽州婺源(今江西婺源)。早年拜李侗(1093—1163)为师,李侗师事罗从彦(1072—1135),罗从彦师事二程弟子杨时(1053—1135),因而朱熹为二程的四传弟子。朱熹长期在福建崇安、建阳等地讲学,因此他的学派被称为"闽学"。朱熹学问渊博,著作等身,其中特别重要的就是将《论语》《孟子》《大学》《中庸》合编为"四书",他所注释的《四书章句集注》成为后世科举考试的教材,影响七百余年。另外著有《四书或问》《周易本义》《诗集传》《通鉴纲目》以及《朱文公文集》一百二十卷等。

辅广之受学于朱熹，当在淳熙八年（1181）吕祖谦去世以后，那么从这一年到庆元六年（1200）朱熹去世，约有二十年的时间，辅广拜师具体是在什么时候？这一点，文献亦没有明确记载，我们只能通过零星的相关记载，进行推测。

辅广在从学之前，与朱熹是在何时何地认识的？先来解决于何地见面这一问题。若据朱熹《答吕子约》所说的"今日辅汉卿忽来，甚不易。渠能自拔，向在临安相聚，见伯恭旧徒无及之者"一句，则二人的初次见面，地点是都城临安，并且朱熹对辅广的第一印象特别好，认为辅广是吕祖谦（伯恭）弟子之中的"第一人"。那么，这一"初相见"发生于何时？

据王懋竑（1668—1741）《朱子年谱》以及束景南先生的《朱熹年谱长编》所载，朱熹一生共五次到过临安，分别是在隆兴元年（1163）、乾道元年（1165）、淳熙八年（1181）、淳熙十五年（1188）、绍熙五年（1194）。宽泛而言，这五个年份，都有可能与辅广见面，因为据前几章的考证，辅广直到嘉定年间（1208—1224）方才定居于崇德，那么在这几个年份里头还住在临安的可能性极大。但朱熹在此信中又有"伯恭旧徒"之语，则可知此时吕祖谦已去世，必在1181年之后，那么前两个年份都可以先排除，后三个年份则都有一定的可能性。

吕祖谦去世是在淳熙八年（1181）的八月，同年十一月，朱熹到临安，那么有没有可能与辅广这个吕氏的"旧徒"见面呢？答案是可能性极小。《朱熹年谱长编》的记载颇为清晰，其中说十一月十八日"经钓台"、二十六日"奏事于延和殿",然后十二月一日"官出南库钱三十万缗付朱熹"、六日"就本路萧山县接任职事,视事于西兴",也就是说朱熹短短的半个多月经桐庐到临安、再到萧山,中间在临安逗留的时间极短,其中又要准备奏明上一任知南康军的职事,又要应接下一任除提举江南西路常平茶盐公事的职事,公务繁忙,甚至与其他师友相会的记载都几乎没有,那么结识诸如辅广之类的新生徒的可能性也几乎没有了。

再看淳熙十五年(1188),与辅广见面的可能性同样极小。还是据《朱熹年谱长编》的记载,同年五月下旬到临安,六月七日"奏事延和殿",八日"上札请祠",十一日"诏依旧职名江西提刑,立即放行",十二日"离临安归",那么在临安的时间总计不到一个月,其间需要准备奏明江西提刑任上的公事,还有遭遇林栗弹劾等事,故而也是公务繁忙,且心绪不佳,与师友相会的记载也较少,故而结识辅广等生徒的可能性也基本没有。

到了绍熙五年(1194)朱熹除焕章阁待制兼侍讲,再次到临安,十月二日"入国门",闰十月二十六日"辞,遂行",在临安近两个月,时间相对较为宽裕。关键则是担任"侍讲"这个重要职务,可以给皇帝讲课,于是就成为士人领袖。辅广等在临安的诸生,前往问学的机会与兴趣都会是极大的了。

当然,最为重要的还是有确凿的文献记载,据方彦寿先生的《朱熹书院与门人考》,《朱子语类》卷七八的"李杞录"有"汉卿问惟精惟一"一条即录于该年,再据该书所附的《朱子语录

姓氏》,"李杞录"本为"甲寅所闻",甲寅年也即绍熙五年。故辅广临安从学之时的这一条,当为其最早的问学记录:

> 汉卿问"惟精惟一,允执厥中"一段。曰:"凡事有一半是,一半不是,须要精辨其是非。惟一者,既辨得是非,却要守得彻头彻尾。惟其如此,故于应事接物之际,头头捉着中。惟精是致知,惟一是力行,不可偏废。"

朱熹认为"惟精惟一"这段话,强调的就是辨析是非,然后还要守得住,在应事接物之际能够把握中道,"彻头彻尾""头头捉着中",也就是知行并进。朱熹的回答很深刻,必然对辅广有很多启发。《朱子语录姓氏》也说:"辅广字汉卿,庆源人。居嘉兴。甲寅以后所闻。"则可以推测,辅广真正师从于朱熹,得以从容问学,则必定是在绍熙五年(1194)。

二

辅广早年事迹,记载简略至极。绍熙五年开始,因为从学于朱熹,故有关辅广的文献记载,也就相对多了一些。

正是在绍熙五年,南宋政局发生了一个大事件,那就是"绍熙内禅"。这年六月,太上皇宋孝宗去世,宋光宗赵惇(1147—1200,1189—1194年在位)因有精神疾病,不能主丧,这在以孝治天下的传统社会,可是天大的事情。怎么办?办法总是有的。宋孝宗去世的次月,在宪圣太皇太后吴氏(1115—1197)、赵汝愚、韩侂胄（1152—1207）等人的主持下，宋光宗不得不传位给儿子赵扩，是为宋宁宗（1168—1224，1194—1224年在位），政权平稳过渡，次年改元"庆元"。

绍熙内禅之时，朱熹正在湖南担任荆湖南路安抚使、知潭州。这年八月，他受赵汝愚、周必大（1126—1204）、黄裳（1044—1130）等人推荐，被召回临安，担任焕章阁待制兼侍讲，给宋宁宗上课，直接面对皇帝。但朱熹做帝王师的时间很短很短，不到两个月，十月入国门，闰十月就被罢了官，十一月回到建阳的考亭，筑竹林精舍，从此讲学林下，直到六年后去世。这六年，正是朱熹一生处境最艰难的时候，同时也是辅广系统地向朱熹问学、成为朱子学派重要传人的时候。

朱熹被罢官的原因，很复杂，主要牵涉到赵汝愚与韩侂胄的斗争。赵汝愚是寓居崇德县的宋室宗亲，他对朱熹的人品学术极为推崇，辅广师从朱熹，或许会与赵汝愚这位同乡有一定的关联。朱熹这次被内召并担任侍讲，主要得力于赵汝愚的推荐。绍熙内禅以后，新皇帝的教育问题，正是赵汝愚特别关心的。大儒朱熹，无疑是最佳的人选。

赵汝愚是"绍熙内禅"的主要决策者，但改换皇帝可是大事，弄不好就会引起政局动荡，国家多难，自己也可能性命难保、遗臭万年。千钧一发之际，赵汝愚首先想到了宪圣太皇太后，她是宋高宗的皇后，当时已经八十岁，是南宋皇朝最高贵的女人。只有征得她的同意，才能使政局平稳过渡，这是关键的一着，不得不走。但太皇太后不是随便能见的，赵汝愚就想到了韩侂胄。韩侂胄当时官阶不高，但出身高贵，是北宋名臣韩琦的曾孙，他的母亲正是太皇太后的妹妹,他的夫人又是太皇太后的侄女,还有后来宋宁宗的皇后,就是他的侄孙女。赵汝愚在韩侂胄的帮助下,也就实现了"绍熙内禅"。

宋宁宗上台以后,韩侂胄自以为功劳巨大,希望赵汝愚能提拔他,但赵汝愚却断然拒绝。他说:"吾宗臣也,汝外戚也,何可以言功!"这让韩侂胄非常绝望,于是他开始反击。因为他的外戚身份,身边很快就聚集了一大批宵小。韩侂胄的具体策略是,先把台谏言官重新洗牌,安排自己的亲信进去,让刘德秀(1135—1207)、刘三杰担任监察御史,杨大法(?—1199)担任殿中侍御史,李沐担任右正言。然后唆使言官们联合起来,攻击赵汝愚"谋危社稷",这可是大罪。庆元元年(1195)二月,赵汝愚被罢相,出知福州,接着一贬再贬,于次年暴卒于衡州。

与此同时,韩侂胄一党开始全面排除、打击异己,特意立了一个"伪学"的名目,清洗朝野正直之士,称他们为伪党、逆党,史称"庆元党禁"。朱熹因为是赵汝愚所推荐,再加之当时正是道学的领袖,士人中的"大佬",于是成为韩侂胄一党打击的第一号目标。监察御史沈继祖,在太常少卿胡纮(1137—1204)的授意下,捏造朱熹"十大罪状",比如"不敬于君不忠于国玩侮朝廷私故人财"以及"纳尼为妾""与丧偶儿媳通奸",于是上疏要求对朱熹"加少正卯之诛,以为欺君罔世、污行盗名者之戒"。甚至还有一个叫余嚞的人上书,直接说"斩朱熹以绝伪学"。庆元二年(1196)十二月,朱熹被落职罢祠,停发了薪俸,还背负一个"伪党"头目的罪名,之后,在遥远的武夷山下熬过了人生的最后三年。

三

除了《朱子语类》收录了辅广当面问学的相关记载，还有书面问学的书信。朱熹《晦庵文集》卷五九，共收录《答辅汉卿》八通，大体可以分为三个时期：一是庆元元年（1195），辅广初次问学之际；二是庆元三年（1197）冬，辅广到武夷山问学之后；三是庆元五年（1199），辅广滞留于临安，而朱熹则请求致仕的前后。前两个时期分别有二通书信保存下来，后一时期则有四通书信保存下来。通过这些书信，可以了解到辅广问学的具体情形，也可以感受到庆元党禁之际，朱熹那一段独特的学术生涯。

先来看第一阶段，辅广初次向朱熹问学是在绍熙五年（1194），下一年也即庆元元年，朱熹在临安担任侍讲的时候，则当有多次问学，当面问学不便则还有书信往还，现存朱熹答辅广书信二通，其一说：

> 示喻所疑，足见探讨不倦之意。前时所报，实有错误，已令直卿子细报去矣。熹向于《中庸章句》中尝著其说，今并录去，可见前说之误也。汉卿身在都城俗学声利场中，而能闭门自守，味众人之所不味，虽向来金华同门之士，亦鲜有见其比者。区区之心，实相爱重。但恨前日相见不款，今又相去之远，无由面讲，以尽鄙意。更几勉力，卒究大业。

辅广特意将读书的疑惑之处写在书信之中，朱熹表扬其"探讨不倦之意"。至于"前时所报，实有错误"等，当指朱熹围绕

第四章　问学朱文公

《中庸》相关问题讨论的某一记录文本，辅广读到的时候发现有错误就写信请教，于是朱熹便让黄榦（直卿）仔细再抄录一份，并将《中庸章句》中的相关内容一并录去，从而足以辨析明白。朱熹表扬辅广，在当年吕祖谦的弟子当中堪称佼佼者，"金华同门之士，亦鲜有见其比者"，主要是因为辅广并不像其他金华乃至浙东学者那样，亟亟于功利，即便在都城的"俗学声利场中"，也能够"闭门自守"，所谓"昧众人之所不昧"，也就是愿意钻研其他曾问学于吕祖谦的弟子所不感兴趣的学问，实在是难得。于是朱熹对于前日的相见，时间不长又感到遗憾，如今则相去较远，不方便当面讲学了。该年的另一书信中说：

> 近况如何？既失杨馆之期，后来别有相聚处否？读书既有味，想见自住不得。近看旧作诸书，其间有说未透处，见此略加刊削，深觉义理之无穷也。

此信较短，谈到的还是失去"杨馆之期"，也即少了一次当面讲学的机会，于是又问起今后又有什么相聚之处吗？可见朱熹自己感到，能与辅广交流是颇为愉快的事情。接着便说起读书的心得，朱熹读自己所著的旧书，发现多有说得未透之处，所以再做刊削修订，每次做这样的工作，就感觉义理之无穷，学问之无穷。故而想到辅广的勤奋，估计也是"自住不得"，认真治学的人，总会日进不已。

第二阶段，辅广在庆元二年（1196）十月到庆元三年（1197）正月之间，曾与堂弟辅万一起前往武夷山南麓建阳考亭的沧洲精舍，问学约三月，其间曾将相互问答的语录都认真记录下来，后来大多被收录于《朱子语类》之中，若据朱熹答辅广的书信，则这些语录都曾经过朱熹的亲自审核。他在书信中说：

> 所记录鄙语，亦有小小差误处，便中未暇详报，并所改书亦未暇写寄。不知近读何书？有疑示及。此间今岁绝无人来，只所招上饶某人早晚讲论耳。

此处提及的"所记录鄙语"，显然是指辅广记录的老师论学语录，"亦有小小差误处"一句可知，辅广的记录大体都是比较精准的，可见其学养深厚，方能很好地领会老师所思所讲。至于提到的"所改书亦未暇写寄"，则是指朱熹对已完成的著作的修订，新的修订之处还来不及寄给弟子们传看。另一通书信则说：

> 知徙居宽旷，不废读书，足以为慰。此间年来应接差简，然苦多病，不能用力文字间，又无朋友共讲，间有一二，则其钝者既难揍泊，敏者又不耐烦，有话无分付处，甚思贤者相聚之乐也。诸书无人整顿抄寄，然改处亦不多。但所录语尽有商量，恐非面不能尽耳。风力稍劲，而此一等人多是立脚不住，千万更加勉力，以副所期。余祝自爱而已。柴中行闻报漕司考校之语，其词甚壮，亦闻之否？

朱熹接到辅广的书信，说回到临安之后迁徙的居所比较宽旷，又能"不废读书"，便觉欣慰。但当时的武夷山中，因为党禁之故，沧洲精舍的学生们大多已经散去，所以"绝无人来"而"无朋友共讲"。偶然有一二人，如前一信提及的"上饶某人"等则各有各的不足，"钝者既难揍泊，敏者又不耐烦"，所以感觉"有话无分付处"，于是更想念与辅广在山中的"相聚之乐"。若就这几句来说，那么辅广问学朱熹的三月，必然让朱熹感觉非常优秀，其悟性当在钝者与敏者之间，又善于记下讲学的语录，当属于有话即可吩咐之人。似乎可以如此猜测，辅广之所以记下那么详细的论学语录，并且寄给朱熹审核许久，也有可能就是朱熹的建议。晚年的朱熹因为身体的缘故难以著述，将自己的看法，通过讲学来表述必然成为主要方式。故此处说道"所录语尽有商量，恐非面不能尽耳"，也就是希望再次与辅广相聚，将语录修订之后成为一个"定本"。最后说"风力稍劲，而此一等人多是立脚不住"，也就是说在党禁期间，大多数学生都是"立脚不住"，轻易就改换门庭，投奔自己的前程去了，能够安心学问，继续跟随朱熹的人则不多了。辅广则反其道而行之，在疾风之中紧紧跟随，故朱熹希望辅广勉力而自爱。

此处简单说明一下这两通书信的系年问题。《朱熹师友门人往还书札汇编》将下一信根据"柴中行闻报漕司考校"等句而系在庆元三年（1197）冬，当较为确切；将上一信系于庆元二年（1196）冬，当有误。从辅广去信而后朱熹作答来加以推论，两通书信的时间大体接近，都当在庆元三年，或一在夏秋，一在冬。更何况两通书信都提及当时朱熹身边少有朋友讲学，以及对辅广所录的讲学语录的看法。若是庆元二年冬则辅广还在武夷山，不必作书信，故必然都是辅广离开武夷山返回临安之后去信，然后才有了朱熹的这两通答复。《汇编》因为朱熹庆元二年冬的《答吕子约》提及"辅汉卿忽来"便将此信系在该年冬，则太过紧凑了。

庆元五年（1199），进入他们交往的第三阶段，辅广当有多次通过书信问学，现保存下来的朱熹答书共有四通。第一通较长，讲到了朱熹请求致仕的事情，同时也谈到当时沧洲精舍的氛围等：

> 年满七十，礼合休致，又以罪戾，不敢自上奏牍，百端恳祷，仅得州郡申省状一纸。今托常宁游宰附与邸吏投之，已子细写与十弟，更烦贤者同为分付。此事或触祸机，不可知，但已断置，一切不计较矣。恐有浮议相阻止者，幸勿听也。
>
> 比来看何文字？做何工夫？亦颇有进处否？向所寄来册子，方为看得一半，其间亦有不足记者。其小未备者，已颇为补足矣，后便方得寄去也。精舍亦有朋友数人相聚，李敬子、胡伯量尚未去，早晚颇有讲说。但每相与共恨贤者之不同此乐也。只是《礼书》不能得成，又以气痞，不可凭几，恐此事又成不了底公案也。
>
> 省榜非久当出，不知一番朋友得失如何？味道闻寓书馆，今尚留否耶？其在彼者颇皆相见否？当此时节，立得脚定者亦甚难得人，况更向上事耶！

当年朱熹已经年满七十，故请求致仕，又因为所谓的获罪之人，故需要委托他人代为投递奏疏，因而需要辅广协助朱熹的十弟，协同盼咐落实，同时还说，若有人阻止则不要听从。交代完此事之后，朱熹就再问辅广读书与治学的情况，读了什么书，做了什么功夫，等等，希望弟子能够都谈谈。还说起"向所寄来册子"，当是辅广所记的语录之类，已经审核完成一半，其中有两个问题：一是发现一些不值得记录的话，需要删节；另一是发现又未得完备之处，需要补足。做完这些工作之后，再寄回给辅广，可见这位老师批改"作业"极为认真。接着还说起沧洲精舍朋友数人相聚之事，有几位较为得力的弟子，早晚讲学，颇为快乐，可惜辅广未能参与其中。还有则是朱熹说自己身体不佳，气痞之病导致不能伏案著述，故而担心《礼书》不能得成而"成不了底公案"，此处当指《仪礼经传通解》，此书后来得到其弟子的协助方才完成。最后，提到了"省榜"即将出来，也就是该年的科举即将放榜的事情，不知道相关朋友的得失，其中除了辅广，还有叶贺孙。叶贺孙，字味道，温州人，庆元二、三年之间辅广在沧洲精舍之时，就常与之论学，当是非常熟悉的学侣。故朱熹又问起叶贺孙是否还在临安，以及是否经常相见，等等，在这个党禁的时节，辅广与叶贺孙都是"立得脚定者"，非常难得，至于想要谋求科举成功再向上，做一番事业则很难了。接下来的书信，则谈到了辅广等人科举失败等事情：

> 省闱不利，亦是时节如此，看此火色，但得安坐吃饭，已是幸事，岂可别有冀望邪？承许秋凉相访，甚幸。此个道理功夫，本不可有间断时节，目下虽无人讲贯，自己分上思索体认、持守省察，自不可顷刻虚度。如此积累功夫，则其间必有所大疑，亦必有所大悟。一旦相聚，觌面相呈，如决

江河，更无凝滞矣。

今以《谢致仕表》附便去，令十弟分付投下，及更料理一二事。渠相见必自说及，恐有可疑合商量处，亦望与之剖决也。昨承许借《博古图》，甚欲见之，但重滞，如何得来？可更试为筹度也。

此信先讲到了上次书信问起的事情，也即"省闱"，此次科举辅广没有考中，在朱熹看来则是"时节如此"，就是在党禁氛围之下，向朱熹问学而趋向于道学的人，自然不易考中，甚至能够"安坐吃饭，已是幸事"，故不必再多有什么冀望了。辅广的来信里还讲到了秋凉之后再访武夷山，这让老师很高兴，遗憾的是辅广这一许诺最后未能实现。朱熹与辅广通信，再三强调的就是读书治学不可间断，即使身边少有朋友可以讲学，自己也要"思索体认、持守省察"，功夫在于积累，积累久了则"必有所大疑，亦必有所大悟"，若是积累了若干疑问，以及个人体认、省察之所得，再来与师友一起论学，则一定能够"如决江河"一般爽快了。

另外，该年五月，朱熹以守朝奉大夫致仕，于是写了《谢致仕表》，在寄信给辅广等人的时候一并附带去，让其十弟去吩咐投递以及料理其他相关一二事，具体则辅广与之见面的时候，可以就有疑问之处商量、剖析。最后还提及借《博古图》的事情，朱熹又担心此书较重，不方便携带什么的，则可见其偶然请弟子帮助做什么事情，也都是考虑周到，尽量不让人家为难的。此阶段后面的两通书信较短，其一说：

得赵昌父书,以致政大夫见呼,此甚真实而又雅驯。可为报同社诸人,今后请依此例也。

此通书信大多论及辅广时未曾提及,现代学者整理朱熹文集时所补。朱熹致仕之后,友人中有以"致政大夫"来称呼的,这让他感到"真实而又雅驯",也就是说真实反映当时的遭遇而又别具一格,故而告知辅广等学生,让他们来信也如此称呼。此信仅有这一告知,则可以得知,当时辅广是与朱熹通信较为频繁而又重要的数人之一。另一书信则提及当时的沧洲精舍诸生讲学状况:

精舍有朋友十数人,讲学颇有趣。仲秉甚不易远来,看得文字亦好,但恨汉卿不同此会耳。

庆元五年(1199),党禁略有松弛,故而又有十多位诸生前往问学,其中就有李儒用(仲秉)非常不容易,远道而来,而且所作的文字也好,于是朱熹就又一次想到了辅广,很遗憾不能参加此一聚会。

另外,辅广当年在朱熹门下,确实得到老师的特别欣赏,还可补充一事。胡宏之子胡大时(季随)在张栻去世之后,常向朱熹问学,此时则与朱熹讨论《延平答问》一书之中某条,当时辅广正好在朱熹身边,于是一同讨论,辅广之解说"甚善",故朱熹将之全文抄录给胡大时看。检索朱熹《答胡季随》第十三书,开头列出胡氏问《延平先生语录》中七条,然后说:

此一条尝以示诸朋友，有辅汉卿者下语云："洒然冰解冻释，是功夫到后疑情剥落，知无不至处。知至则意诚而自无私欲之萌，不但无形显之过而已。若只是用意持守，着力遏捺，苟免显然尤悔，则隐微之中，何事不有？然亦岂能持久哉？意懈力弛，则横放四出矣。今日学者须常令胸中通透洒落，恐非延平先生本意。"此说甚善。大抵此个地位乃是见识分明、涵养纯熟之效，须从真实积累功用中来，不是一旦牵强着力做得。今湖南学者所云"不可以急迫求之，只得且持守，优柔厌饫，而俟其自得"未为不是，但欠穷理一节工夫耳。答者乃云"学者须常令胸中通透洒落"，却是不原其本而强欲做此模样。殊不知通透洒落如何令得？才有一毫令之之心，则终身只是作意助长，欺己欺人，永不能到得洒然地位矣。

胡大时针对李侗（延平）所说的"今学者之病，所患在于未有洒然冰解冻释处，纵有力持守，不过只是苟免显然尤悔而已。似此，恐皆不足道也"一句有自己的看法，认为"不可以急迫求之，只得且持守，优柔厌饫，而俟其自得"，朱熹说这话"未为不是"，但没有将穷理的境界讲明白。辅广说"洒然冰解冻释"本是"功夫到后疑情剥落，知无不至处"，《大学》说"知至而后意诚"，达到既"无私欲之萌"也"无形显之过"的状态，若是"用意持守"则难以持久，当然"洒落"也不是"意懈力弛，则横放四出"，而是功夫到后的"从心所欲"。于是朱熹认为辅广的解说极好，"洒落"就是"见识分明，涵养纯熟"的功效，就是"从真实积累功用中来"，不可"牵强着力"；至于"常令胸中通透洒落"，则是故意做出洒落模样，完全是"欺己欺人"了。

关于辅广庆元三年（1197）正月离开沧洲精舍的原因，黄宗羲《宋元学案》之辅广传有一段按语：

> 《宗辅录》言"蔡元定贬死，先生入京，以身试祸"。贾伟节西行解祸，君子尚不以为然，宁有试祸之理？案，文公与先生书云："省闱不利，亦是时节如此。看此火色，但得安坐，已是幸事，岂其别有冀望邪！"然则先生入京，是其应举时耳。

此处黄宗羲提及的"贾伟节"，是指的东汉党锢事件中的贾彪，《后汉书》中说："延熹九年，党事起，太尉陈蕃争之不能得，朝廷寒心，莫敢复言。彪谓同志曰：'吾不西行，大祸不解。'乃入洛阳，说城门校尉窦武、尚书霍谞。武等讼之，桓帝以此大赦党人。李膺出，曰：'吾得免此，贾生之谋也。'"辅广的言行，虽不能与贾彪相比，但后来在临安不遗余力地传播朱子学，比如将自己所藏当时还是禁书的朱熹著作传给魏了翁等，都是难能可贵之举。至于黄宗羲还提及了朱熹写给辅广的信中说到了"省闱不利"等，则已是在庆元五年（1199），其实与辅广入京无关，上文已有说明。也就是说辅广返回临安，若如黄宗羲所说只是为了应举，显然时间不对，庆元三年的正月就要赶回去应试则太早了，因为当时的州试、省试以及殿试要在庆元四年、五年才会举行。

《语溪宗辅录》说庆元三年正月，蔡元定被贬道州，而辅广则由建阳返回临安，乃是"以身试祸"，这个说法有一定的道理。

光绪《石门县志》之《辅广传》说:

> 蔡元定既贬死,士愈惩创,考亭深虑坚忍者少,吾道将泯绝。广乃以身试祸,入京居太学之南,以道自任,同志之士相与质疑问难,户外屦满,志不少屈。

辅广不顾党禁之严而到建阳问学,已是难得;再度回到党禁风暴的中心临安,而且居住在太学的边上,常与同志之士"相与质疑问难",传播朱子学,也就更为难得。据方志记载,辅广为了心中的学术,二上武夷山,甚至"鬻产往侍考亭",殊为不易。简言之,辅广问学朱熹以及返回临安,都是坚守风骨的个人行为,乃是对于韩侂胄等人的党禁之祸毫不畏惧的表现。

大儒朱熹到临安之时,辅广又师从于朱熹。庆元年间(1195—1200),朱熹的理学被斥为伪学,学者多避去,辅广却不为所动。

第五章　二上武夷山

从辅广问学朱熹的那些书信已经可以得知,他是一个有情有义、有担当、有见识的人,故而在这个学生不在身边的时候,老师也是常常惦记他。朱熹曾说:"年来无朋友共讲,有话无吩付处。"辅广一生,最为难能可贵的是,在朝廷上下对朱熹口诛笔伐的风口浪尖,他却毅然决然地两次从临安前往武夷山,陪伴晚年的朱熹,给老师带来了最后的温暖。于是朱熹感慨道:"当此时,立得脚定者甚难,唯汉卿风力稍劲!"当时的太学生多有送诗于辅广,陈善诗云:"闻说平生辅汉卿,武夷山下啜残羹。"武夷山下沧洲精舍,与辅广一起论学的,还有辅万、万人杰、叶贺孙、陈淳等不多的几人。

一

朱熹罢官之后,回到武夷山南麓的建宁府建阳县(今福建省南平市建阳区)西南的考亭村,筑竹林精舍。后为了区别于佛教中如来讲法的竹林精舍,改名为沧洲精舍。宝庆元年(1225)建阳县县令刘克庄(1187—1269)建祠纪念;淳祐四年(1244)诏为书院,宋理宗御书"考亭书院"四字匾额。书院门口现存石碑坊一座，为明嘉靖十年（1531）所建。

沧洲精舍时期，已是朱熹最后一次经营书院了。他感慨颇多，故作了一首词《水调歌头》以抒发心绪：

> 富贵有余乐，贫贱不堪忧。谁知天路幽险，倚伏互相酬。请看东门黄犬，更听华亭清唳，千古恨难收。何似鸱夷子，散发弄扁舟。　　鸱夷子，成霸业，有余谋。致身千乘卿相，归把钓渔钩。春昼五湖烟浪，秋夜一天云月，此外尽悠悠。永弃人间事，吾道付沧洲。

此时的朱熹，算是真正领教了什么叫作"天路幽险"。此处的"鸱夷子"，就是春秋时期的越国名臣范蠡（前536—前448），他助越王勾践（？—前464）成就霸业之后，还有余谋泛舟五湖，最后成为巨贾。范蠡成为此时朱熹羡慕的对象，唯有"春昼五湖烟浪，秋夜一天云月"是值得拥有的，"此外尽悠悠"，于是朱熹决定，"永弃人间事，吾道付沧洲"。事实上，一心想要"致君尧舜"的朱熹，从都城回到武夷山脚下的一个小沙洲，其心境之孤寂，亦可想而知。

然而就在此时，临安的诸生辅广，却能在庆元二年（1196）与庆元五年（1199），两度前往武夷山，实在是难得之极。因为在党禁这种严酷的政治空气之下，必然很多人都唯恐避之不及。《宋史》与《宋元学案》都说：

> 方是时，士之绳趋尺步，稍以儒名者，无所容其身。从

游之士，特立不顾者，屏伏丘壑；依阿巽懦者，更名他师，过门不入。甚至变易衣冠，狎游市肆，以自别其非党。

当时只要稍知时势的人便会知道，凡被打入伪学、伪党之列，就会永无出头之日。于是有"特立不顾者，屏伏丘壑"，也有"依阿巽懦者，更名他师，过门不入"。甚至还有故意堕落者，从而"自别其非党"。只有像辅广这样的人，真心为了求学，才会先师从吕祖谦，再师从朱熹。一旦认定朱熹是一代大儒，也就义无反顾了。

辅广与其堂弟辅万二人，第一次到武夷山的时间，约在庆元二年（1196）十月中旬至庆元三年（1197）正月之间。这一日期束景南先生《朱熹年谱长编》曾有考证。《朱子语类》卷一百七叶贺孙录中明确提及"辅万季弟"，而实际则是堂弟（从弟）。就在辅广去武夷山的时候，他的朋友陈善写诗相送，诗云："闻说平生辅汉卿，武夷山下啜残羹。"所谓"残羹"，指的正是朱子之学，此时已被全面否定，谁还愿意冒着生命危险去吃呢？所以黄宗羲说这两句诗："言其用志艰苦也。"

作诗送辅广的陈善，也是当时的豪杰。陈善，字敬甫，号秋塘，宋孝宗淳熙年间的名士，著有《雪蓬夜话》三卷。陈善只有零星的诗句被保存下来，除了《送辅汉卿过考亭》收录于张端义《贵耳集》，还有"不知筋力衰多少，但觉新来懒上楼"一句，收录于俞文豹《吹剑录》，详见厉鹗《宋诗纪事》卷五十六。词人姜夔曾有《送陈敬甫》一诗："十年所闻溢吾耳，去年诵君书一纸。古人三语得奇士，况此磊落数百字。"可见他与辅广一样，是一个磊落奇士。辅广的另一位好友葛天民，曾有诗《寄辅汉卿》曰：

第五章 二上武夷山

> 忆杀平生辅汉卿,武夷山里话寒更。
> 不知新岁还家未,白发冲冠有几茎。

葛天民说自己最想念辅广,"不知新岁还家未",正好说明辅广是前一年末的时候去武夷山的,过了年还未回到临安的家中;"白发冲冠有几茎"是说辅广之所以前往武夷山,其实有点负气的意思在,也即为韩侂胄等人迫害朱熹而抱不平。葛天民,字无怀,绍兴山阴人。好学攻诗,忽祝发为僧,更名义铦,字朴翁,后来仍返初服,隐居西湖,足不入城,日惟吟咏自乐,著有《无怀小集》。该诗被宋代陈思收录《两宋名贤小集》卷二百八十五,另宋代陈起《江湖小集》卷六十七也有收录。陈善与葛天民,其实都与辅广一起住在都城临安太学附近,一起诗文唱和的,还有另一位太学生敖陶孙(1154—1227),作有《至日记见简辅汉卿》二首:

> 满窗晴旭散轻埃,报答生成只酒杯。
> 篇什正须今日用,岁时偏傍俗人来。
> 轻舠上藕泥初拭,小巷争鱼臭不开。
> 试作横竿权土炭,聊从夜半候阳回。

> 枕上吟哦安意好,新诗自觉鬼神扶。
> 遥传旧岁无多子,皆试新衣是早图。
> 天下自须胡伯始,江东只在管夷吾。
> 乡山此际当治麦,误矣为文效两都。

敖陶孙,字器之,号臞庵,福清人。宋庆元五年(1199)进士,授海门县主簿,终奉议郎、泉州签判,著有《臞翁诗集》。为文有气骨,尤以诗著名。庆元党禁之初,朱熹被贬,敖陶孙当时正在太学,作诗送之;赵汝愚死于贬所,又作诗哭之。他应当在太学时与辅广相识,并佩服辅广的胆识勇气,这两首诗写得比较隐晦,大意则是节气已到冬至之日,故愿意与辅广一起等待春暖"阳回",因为"旧岁"的时日已经不多了,不可贸然"为文",只可姑且"横竿"。

当时沧洲精舍诸生的具体情形,首先可以从朱熹《晦庵文集》卷四六《答吕子约》"风色愈劲,精舍诸生方幸各已散去。今日辅汉卿忽来,甚不易"一句可知,虽然也为诸生散去,不会被自己牵累而感到庆幸,但也深觉世态之炎凉,诸生散去,又何尝不是一种"见处浅狭"的表现呢?所以朱熹《晦庵文集》卷二五《答黄直卿》则说:

> 辅汉卿、万正淳皆留此两月而后去,其他朋友数人亦将去矣。诸人皆为外间浮论攻击,不敢自安而去。其实欲见害者,亦何必实有事迹与之相违?但引笔行墨数十行,便可使过岭矣。此亦何地可避耶?世人见处浅狭例如此,令人慨叹。又来学者,亦未见卓然可恃以属此道之传者。今更有此间隔,益难收拾,不谓吾道之否一至此也。

万人杰,字正淳,兴国人,在《朱子语类》中万人杰所录的辅广答问也有多条,如卷三"汉卿问天神地示之义"、卷四十"汉卿举叔重疑问曰"等。还有卷一百二十，辅、万二人共同记录劝止蔡元定泉州之行等。辅、万二人在沧洲精舍问学两个多月，而其他的诸生也都走了。朱熹感叹的是许多学生因为"外间浮论攻击，不敢自安而去"，事实上韩侂胄等人并不见得真要加害于诸生，若是真要加害，也不必有诸如到武夷山去见朱熹之类的事迹，只要随便寻找一点文字记载，也即"但引笔行墨数十行"，就可以轻易将其发配到岭南去了。所以说，这些来学者，都未见得能够"卓然可恃"，也不见得可以"属此道之传"，对于道学的未来，朱熹也不免多有忧虑。当然，辅广等人能来，则"甚不易"，他们在朱熹已落职罢祠的时候却专程来到建阳的沧洲精舍，并且共同度过最为关键的那段日子。

据《朱子语类》卷一百七叶贺孙的记载说：

> 季通被罪，台评及先生。先生饭罢，楼下起西序行数回，即中位打坐。贺孙退归精舍，告诸友。汉卿筮之，得小过"公弋取彼在穴"，曰："先生无虞，蔡所遭必伤。"即同辅万季弟至楼下。先生坐睡甚酣，因诸生偶语而觉，即揖诸生。诸生问所闻蔡丈事如何。曰："州县捕索甚急，不晓何以得罪。"因与正淳说早上所问《孟子》未通处甚详。

这段话中的"季通"，即蔡元定（1135—1198），是朱熹的大弟子，他的儿子蔡沈（1167—1230）也是朱熹的弟子，他因受"伪学党禁"牵连而获罪，叶贺孙听说之后，就告诉了还在精舍的诸生们。就在此时，辅广特意占了一卦，占得《周易》

之"小过",其六五爻辞说:"密云不雨,自我西郊。公弋取彼在穴。"这就是说,满天的乌云,却还未下雨,比喻重大事变正在酝酿,然而一时却还未发作,而且很快会被刚武者从老巢中射取,已无路可逃。六五就是在上之鸟,不宜上而居上,必为人所擒。所以辅广说:先生没有生命危险,但大师兄蔡元定则非常危险。此时的朱熹先是打坐,辅广与其弟辅万一起到楼下,惊醒了睡得甚酣的老师。诸生问蔡元定的事情到底如何,朱熹回答说有州县的逮捕,却并不知晓具体何罪。接着叶贺孙还有一段记录说:

> 继闻蔡已遵路,防卫颇严。诸友急往中途见别,先生舟往不及。闻蔡留邑中,皆詹元善调护之。先生初亦欲与经营,包显道因言:"祸福已定,徒尔劳扰。"先生嘉之,且云:"显道说得自好,未知当局如何。"是夜诸生坐楼下,围炉讲问而退。闻蔡编管道州,乃沈继祖文字,主意诋先生也。

继续打听则知道了蔡元定已经被捕,也即庆元二年(1196)十二月被沈继祖奏论,编管道州,次年正月辞家就道。辅广等人急忙前往,在中途与之告别,而朱熹坐船前去则没有遇到。此处还有朱熹与弟子包显道的一段问答,在包显道看来,"祸福已定,徒尔劳扰",至此再多想办法也是无济于事了。下一日朱熹再带着弟子们赶到净安寺饯行,蔡元定就与老师潇洒地讨论《参同契》,浑然忘机。后来蔡元定在其子蔡沈的陪同下,徒步三千多里,两脚流血到达贬谪之所,到了庆元四年(1198)就病死于道州了。

需要补充的是，在诸如《朱子语类》卷六十六等处，还有多条关于辅广精通易学的记载，比如其中说：

> 汉卿说钻龟法云："先定四向，欲求甚纹兆，顺则为吉，逆则为凶。"正淳云："先灼火，然后观火之纹，而定其吉凶。"……贺孙云："若'石祁子兆，卫人以龟为有知'，此却是无知也。"曰："所以古人以《易》而舍龟，往往以其难信。《易》则有'贞吉'，无不贞吉；'利御寇'，不利为寇。"

此条，辅广与万人杰（正淳）、叶贺孙三人讨论"占龟法"，辅广说古人的方法当是，先确定四向，再钻刺龟壳，并用火烧灼，以其裂纹之走向来求兆头，与四向顺则为吉，逆则为凶。古人认为乌龟长寿，有灵有知，其实却是无知，故而"以《易》而舍龟"，也就是说朱熹以及辅广等人认为，仅仅用《周易》来占卜，其卦辞、爻辞已经可以说明贞吉与否了，上面辅广为朱熹、蔡元定的占卜，就是一例。辅广精通《周易》，很好地继承了朱熹的易学，并将之传给了魏了翁等人，具体则在下一章加以讨论。

至于辅广等弟子在沧洲精舍，问学于朱熹的日常生活如何？辅广本人的记载较为简略，但可以参考《朱子语类》卷一〇七，辅广的另一同门王过的两条记载：

> 先生每日早起，子弟在书院，皆先著衫到影堂前击板，俟先生出。既启门，先生升堂，率子弟以次列拜炷香，又拜而退。子弟一人诣土地之祠炷香而拜。随侍登阁，拜先圣像，

方坐书院，受早揖，饮汤少坐，或有请问而去。月朔，影堂荐酒果；望日，则荐茶。有时物，荐新而后食。

先生早晨拈香。春夏则深衣，冬则戴漆纱帽。衣则以布为之，阔袖皂褖；裳则用白纱，如濂溪画像之服。或有见任官及它官相见，易窄衫而出。

王过，字幼观，号拙斋先生，饶州德兴（今属江西）人。陈荣捷先生《朱子门人》认为他是在朱熹至湖南潭州任上前去从学的，到了庆元二年(1196)，仍在朱熹身边，故而正好记下了辅广前往问学之际沧洲精舍的日常。朱熹每日都早起，而弟子们则一同守候先生出来，升堂后率领弟子列队拜香，然后又登阁拜先圣孔子像，方才坐在书院中接受弟子们的拜揖。每月的初一日，影堂里献上酒果；十五日，影堂里献上茶，另外还有其他时令之食物，都要先献上，然后才能分食。朱熹穿的衣服虽是深衣，也即礼服，但都是用布做的，阔袖皂褖，里面穿白纱制的衣裳，与弟子们见到的周敦颐（濂溪，1017—1073）画像相似。若接见官员，则换了窄袖的衣衫而出。王过所记载的这些老师的形象，当给辅广也留下了深刻的印象。

二

辅广受朱熹的教诲很多，在《朱子语类》之中，特别针对辅广的教诲则集中在《朱子语类》卷一一三《训门人一》之训辅广九条，本为辅氏自录。主要应当是辅广与其堂弟辅万庆元二年（1196）末至庆元三年（1197）初，首次到沧洲精舍问学约三个月，然后想要告归之前的情景。辅广这次能够负笈从学三个月，则是其学问更为精进的关键，也是其正式成为朱熹晚年最为重要弟子的关键。

《训门人一》之中的"训广"部分可以说是一个比较完整、系统地告知一名弟子如何做修养工夫的讨论，故值得特别加以分析，其中分别涉及如何理解"诚敬"、如何"着实做工夫"，以及如何"求放心"三个方面，最后还有临别之际，关于工夫不可间断以及有疑则问等方面。这些本是朱子学之中非常重要的学术问题，也体现了后来辅广之学的特色。

第一，讨论"诚敬"二字，朱熹先有一大段的讲论，而其核心则在"体究"：

> 或问"诚敬"二字云云。先生曰："也是如此。但不去做工夫，徒说得，不济事。且如公一日间，曾有几多时节去体察理会来？若不曾如此下工夫，只据册上写底把来口头说，虽说得是，何益！某常说与学者，此个道理，须是用工夫自去体究。讲论固不可阙，若只管讲，不去体究，济得甚事？盖此义理尽广大无穷尽，今日凭他说，亦未必是。又恐他只说到这里，入深也更有在，若便领略将去，不过是皮肤而已；又不入思虑，则何缘会进？须是把来横看竖看，子细穷究。都理会不得底，固当去看；便是领略得去者，亦当如此看。看来看去，方有疑处也。此个物事极密，毫厘间便相争，如何恁地疏略说得？若是那真个下工夫到田地底人，说出来自别。汉卿所问虽若

近似,也则看得浅。须是理会来、理会去,理会得意思到,似被胶漆粘住时,方是长进也。"

关于"诚敬"的理解,辅广大致也是不差的,故朱熹指出"徒说得,不济事",必须要看在一日之间,具体有多少时节能够"体察理会",也就是下笃实的"体究"实践的工夫。圣贤所说的道理,口头说得是,还是没有益处的,关键不在知而在行。虽说讲论不可或缺,"若只管讲,不去体究",则不能济事。更何况义理"尽广大无穷尽",说来说去则还有更加深刻的,不去体究思虑,还是皮毛而已。看来看去,发现疑问之处,毫厘之间也要争辩,才能渐渐有所得。又好比田地里的工夫,真正下过田地的人说出来,就自然与未曾下过的有了区别。所以朱熹说"汉卿所问虽若近似,也则看得浅",也就是说辅广对于"体究"这一实践工夫的重要性,还是领会不够。必须要"理会来、理会去",真正理会到圣贤言语的意思到,如同"被胶漆粘住"之时,方才是真正的长进。朱熹接着反问辅广如何看"诚敬"二字,然后讨论具体做工夫的细节:

因问:"'诚敬'二字如何看?"广云:"先敬,然后诚。"曰:"且莫理会先后。敬是如何?诚是如何?"广曰:"敬是把捉工夫,诚则到自然处。"曰:"敬也有把捉时,也有自然时;诚也有勉为诚时,亦有自然诚时。且说此二字义,敬只是个收敛畏惧,不纵放;诚只是个朴直悫实,不欺诳。初时须着如此不纵放,不欺诳;到得工夫到时,则自然不纵放,不欺诳矣。"

辅广认为应当"先敬,然后诚",朱熹则强调不要理会先后,其关键在于"敬是如何?诚是如何?"也就是怎么来做到"诚敬"。辅广于是回答,"敬"是具体如何"把捉"的工夫,而"诚"则是"把捉"之后自然而然的样子。对此朱熹并不满意,故而强调"敬"的工夫也同样需要"把捉",所以"诚敬"二字当中都有"把捉时"与"自然时",换言之,都有勉力的阶段与自然的阶段。更具体去解析,那么"敬"是"收敛畏惧",也是"不放纵",而"诚"则是"朴直悫实",也是"不欺诳"。二者的开始阶段都需要勉力,等工夫到了又都可以自然了。

第二,辅广受朱熹的教诲,特别重要的还是如何"着实下工夫",而求实的关键在于"熟""里""主"三个字,首先,则要从读书不可太快说起:

> 先生谓广:"看文字伤太快,恐不子细。虽是理会得底,更须将来看。此不厌熟,熟后更看,方始滋味出。"因笑曰:"此是做'伪学'底工夫!"

朱熹告诉辅广,看书太快,就恐怕不够仔细,虽然大体已经理会得了,更需要将来反复再看,经典往往不厌其熟,熟读再三才能有滋味出来。此处所谓"做'伪学'底工夫",就是在说党禁之际反道学之人说朱熹之学为"伪学",而朱熹之学的工夫特点就在于"熟"字。类似的教诲还有多条:

> 广云:"昨日闻先生教诲做工夫底道理。自看得来,所以

无长进者,政缘不曾如此做工夫,故于看文字时不失之肤浅,则入于穿凿。今若据先生之说,便如此着实下工夫去,则一日须有一日之功,一月须有一月之功,决不到虚度光阴矣。"先生曰:"昨日也偶然说到此。某将谓凡人读书都是如此用功,后来看得却多不如此。盖此个道理问也问不尽,说也说不尽,头绪尽多,须是自去看。看来看去,则自然一日深似一日,一日分晓似一日,一日简易似一日,只是要熟。孟子曰:'仁,亦在乎熟之而已。'熟,则一唤在面前。不熟时,才被人问着,便须旋去寻讨,迨寻讨得来时,意思已不如初矣。"

辅广认为自己之所以无所长进,就因为看书之时"不失之肤浅,则入于穿凿",也就是没有"着实下工夫"。如何才能工夫"着实",不虚度光阴?朱熹说,读书用功的道理"问也问不尽,说也说不尽",因为"头绪尽多",关键在于自己反复看来看去,才能"一日深似一日,一日分晓似一日,一日简易似一日",归结为一个字也就是"熟"。孟子也说,如何才能做到"仁","亦在乎熟知而已"。朱熹进一步指出,熟,就好比人家一呼唤,就能够出现在面前;不熟,人家问着了,还需要立即去寻找,等到找到之时,这意思已经不是刚才的意思了。再者,"着实下工夫"除了需要求一个"熟"字,还有一个"里"字:

广请于先生,求"居敬穷理"四字。曰:"自向里做工夫,何必此?"因言,昔罗隐从钱王巡钱塘城,见楼橹之属,阳为不晓而问曰:"此何等物?"钱曰:"此为楼橹。"又问:"何用?"

钱曰："所以御寇。"曰："果能尔，则当移向内施之。"盖风之以寇在内故也。

此次辅广问朱熹如何做到"居敬穷理"，朱熹便指出关键在于"向里做工夫"。具体如何理解呢？他就举了一个例子，唐末五代之际的诗人罗隐（833—910），曾跟随吴越王钱镠（852—932）巡视钱塘的城防，看到船上的楼橹之类，假装不认识而问"此何等物""何用"，钱镠回答说是御敌用的，罗隐就说假如真的能够御敌就需要移向内部去用了。这就是在说，真正的敌人不在外而在内，对于一个国家如此，对于一个人也是如此。所以做工夫的关键在于"里"字，明白自己内心的理欲之辨。那么如何才能实现内心的理欲之辨，朱熹认为关键在于一个"主"字，而这个"人心有主"，又得从"言动之间"做起：

> 先生又谓广："见得义理虽稍快，但言动之间，觉得轻率处多。'子曰："仁者其言也讱。"'仁者之言，自不恁地容易。谢氏曰：'视听言动不可易，易则多非礼。'须时时自省觉，自收敛，稍缓纵则失之矣。"翌日广请曰："先生昨日言广言动间多轻率，无那'其言也讱'底意思，此深中广之病。盖旧年读书，到适然有感发处，不过赞叹圣言之善耳，都不能玩以养心。自到师席之下，一日见先生泛说义理不是面前物，皆吾心固有者，如道家说存想法，所谓'铅汞龙虎'之属，皆人身内所有之物。又数日因广诵义理又向外去，先生云：'前日说与公，道皆吾心固有，非在外之物。'广不觉怵然有警于心！又一日

侍坐，见先生说'如今学者大要在唤醒上'，自此方知得做工夫底道理。而今于静坐时，读书玩味时，则此心常在；一与事接，则心便缓散了。所以轻率之病见于言动之间，有不能掩者。今得先生警诲，自此更当于此处加省察收摄之功。然侍教只数日在，更望先生痛加教饬。"

这一段比较长，朱熹再次讲到了辅广读书太快，也就是"见得义理虽稍快"，但"言动之间，觉得轻率处多"，孔子曾说"非礼勿视，非礼勿听，非礼勿言，非礼勿动"，这就是"克己复礼为仁"，"仁者其言也讱"，所以说"言动之间"不可"轻率"，而应当时时"自省觉，自收敛"，稍稍放纵也就多有过失了。过了一日之后，辅广再次请教朱熹，回顾了前日的那些教诲，说是深中自己的弊病。当年自己读书，只是赞叹圣人之言之善，并未能"玩以养心"，如今到了老师门下，见到老师说"义理不是面前物"，义理不能向外求，而是"吾心固有"，于是才有了一些警醒。又有一日，辅广侍奉老师坐而论道，老师曾说做学者的大要在于"唤醒"，于是才知道自己玩味书中道理的时候"此心常在"，然而应接人事的时候"心便缓散了"，也就是在"言动之间"便会轻率起来了，所以更要做"省察收摄之功"。对于辅广的这一番感悟，朱熹有进一步的指引，与辅广讨论了"主"字的道理：

先生良久举伊川说曰："'人心有主则实，无主则虚。'又一说却曰：'有主则虚，无主则实。'公且说看是如何？"广云：

"有主则实,谓人具此实然之理,故实;无主则实,谓人心无主,私欲为主,故实。"先生曰:"心虚则理实,心实则理虚。'有主则实',此'实'字是好,盖指理而言也;'无主则实',此'实'字是不好,盖指私欲而言也。以理为主,则此心虚明,一毫私意着不得。譬如一泓清水,有少许砂土便见。"

朱熹举了程颐的话"人心有主则实,无主则虚"以及"有主则虚,无主则实"二句看似矛盾的话,问辅广如何理解。辅广说,前一句的"有主则实"说的是"实然之理",而后一句的"无主则实"却说的是"私欲为主"。朱熹赞同辅广的理解,然后说"有主则实"的"实"指"理"故好,这也就是"心虚则理实";"无主则实"的"实"指"欲"故不好,这也就是"心实则理虚"。所以应当"以理为主,则此心虚明",内心不让任何一毫私意附着,如同"一泓清水",那么即便偶有"少许砂土"也可立现而除去了。此处所说的"主",也就是"主一"的工夫,也就是孟子所说的"求放心"的工夫:

> 先生谕广曰:"今讲学也须如此,更须于主一上做工夫。若无主一工夫,则所讲底义理无安着处,都不是自家物事;若有主一工夫,则外面许多义理,方始为我有,却是自家物事。工夫到时,才主一,便觉意思好,卓然精明;不然,便缓散消索了,没意思。"

朱熹告诉辅广,讲学如何做到内心有主,关键在于"主一",

"主一无适"本就是"主敬"的工夫,也就是将义理落实于内心而有"安着处","方始为我有,却是自家物事","主一"才能使得内心"卓然精明",否则便容易追逐外事而"缓散消索"。这"主一"也就是孟子所说的"求放心":

> 广云:"到此侍教诲三月,虽昏愚,然亦自觉得与前日不同,方始有个进修底田地,归去当闭户自做工夫。"曰:"也不问在这里不在这里,也不说要如何顿段做工夫,只自脚下便做将去。固不免有散缓时,但才觉便收敛将来,渐渐做去。但得收敛时节多,散缓之时少,便是长进处。故孟子说:'学问之道无他,求其放心而已。'所谓'求放心'者,非是别去求个心来存着,只才觉放,心便在此。孟子又曰:'鸡犬放则知求之,心放则不知求。'某常谓,鸡犬犹是外物,才放了,须去外面捉将来;若是自家心,便不用别求,才觉,便在这里。鸡犬放,犹有求不得时,自家心则无求不得之理。"

辅广谈到在武夷山问学近三个月,虽然还有些"昏愚",然而自觉也与问学之前大不相同,因为有了一个"进修底田地",归去之后应当"闭户自做工夫"。朱熹则指出,不必在乎在老师这里还是不在老师这里,关键在于"只自脚下便做将去",也即随时随地都可以做工夫,觉得内心"散缓"就立即"收敛将来",慢慢就能够做到"收敛时节多,散缓之时少",也就有长进了,于是又引了孟子的话:"学问之道无他,求其放心而已。"如同放养鸡犬一样,知道放也就应该知道求,若是觉得自家的心有所放逸，就应该立即觉察而去求得。鸡犬偶有放了之后求不得的道理，若是自家的心，则只要认真去求，就不会有求不得之理。

第三，关于如何去做"求放心"的工夫，《训门人一》当中还有一段很长的记录，根据其语气则分为三部分来加以介绍：

> 或问："人之思虑，有邪有正。若是大段邪僻之思却容易制；惟是许多无头面不紧要之思虑，不知何以制之？"曰："此亦无他，只是觉得不当思虑底，便莫要思，便从脚下做将去。久久纯熟，自然无此等思虑矣。譬如人坐不定者，两脚常要行；但才要行时，便自少觉莫要行。久久纯熟，亦自然不要行而坐得定矣。前辈有欲澄治思虑者，于坐处置两器，每起一善念，则投白豆一粒于器中；每起一恶念，则投黑豆一粒于器中。初时白豆少，黑豆多；后白豆多，黑豆少；后来遂不复有黑豆；最后则虽白豆亦无之矣。然此只是个死法。若更加以读书穷理底工夫，则去那般不正当底思虑，何难之有！又如人有喜做不要紧事，如写字作诗之属。初时念念要做，更遏捺不得。若能将圣贤言语来玩味，见得义理分晓，则渐渐觉得此重彼轻，久久不知不觉，自然剥落消殒去。何必横生一念，要得别寻一捷径，尽去了意见，然后能如此？隔夕尝有为'去意见'之说者，此皆是不柰烦去修治他一个身心了，作此见解。譬如人做官，则当至诚去做职业，却不柰烦去做，须要寻个幸门去钻，道钻得这里透时，便可以超躐将去。今欲去意见者，皆是这个心。学者但当就意见上分真妄，存其真者，去其妄者而已。若不问真妄，尽欲除之，所以游游荡荡，虚度光阴，都无下工夫处。"

问到人的思虑"有邪有正",然后有大段的"邪僻之思"则是非常明显的,故容易克制;若是"许多无头面不紧要之思虑",也就是散乱、杂多的邪思如何克制?对此朱熹谈到了具体做工夫的办法,关键在于一旦发觉有"不当思虑底"就要克制起来"莫要思","从脚下做将去",也就是从当下就开始做起来,时间久了就能控制自如了。另外朱熹还介绍了来自佛教的"数豆克念法",有一善念就投一粒白豆,有一恶念就投一粒黑豆,然后比较白豆、黑豆的多少,就知道自己是善念多还是恶念多了;如此做工夫一旦久了,渐渐白豆多而黑豆少,甚至不再有黑豆;到了最后则白豆也没了,也就是无论善念、恶念,什么念头都不会胡乱起来了。朱熹介绍完数豆法之后,指出这其实是一个"死法",也就是比较机械的方法,并不适合真正的读书人,读书而做穷理的工夫,自然就能去除邪念。于是朱熹又指出,做那些诸如写字、作诗等"不要紧事",一开始出于喜好"更遏捺不得",也不必刻意不去做。但只要多读书,觉得圣贤之言语更有意味,渐渐就能觉察孰轻孰重,自然那些邪念、杂念就剥落了。所以并不需要寻找什么克制思虑的捷径,而关键在于分别内心深处的"意见"的真妄,最后"存其真者,去其妄者"。若不做"穷理"分别真妄的工夫,那么其他的学问工夫,都是无从下手的了。朱熹接着还举例《中庸》的"喜怒哀乐"之"已发未发"来讨论如何"求放心":

    因举《中庸》曰:"'喜怒哀乐未发谓之中,发而皆中节谓之和。中也者,天下之大本;和也者,天下之达道。致中和,天地位焉，万物育焉。'只如喜怒哀乐，皆人之所不能无者，如何要去得？只是要发而中节尔。所谓致中，如孟子之'求放心'与'存心养性'是也；所谓致和，如孟子论平旦之气，与充广其仁义之心是也。今却不奈烦去做这样工夫，只管要求捷径、去意见。只恐所谓去意见者，正未免为意见也。圣人教人如一条大路，平平正正，自此直去，可以到圣贤地位。只是要人做得彻。做得彻时，也不大惊小怪，只是私意剥落净尽，纯是天理融明尔。"

"喜怒哀乐"之情，是任何人所不能无的，关键则在于情感之发，能够"中节"，也即能够适度，能够"致中"。如孟子所说的"平旦之气"，需要的就是扩充"仁义之心"而已。所以不必"求捷径、去意见"，立足于当下，就此平平正正的大路而直去，自然可以到达圣贤的境界，关键在于彻底。如何彻底去做"致中"的工夫，朱熹还有一段补充：

又曰："'兴于诗，立于礼，成于乐。'圣人做出这一件物事来，使学者闻之，自然欢喜，情愿上这一条路去。四方八面揎掇他去这路上行。"又曰："所谓致中者，非但只是在中而已，才有些子偏倚，便不可。须是常在那中心十字上立，方是致中。譬如射：虽射中红心，然在红心边侧，亦未当，须是正当红心之中，乃为中也。"广云："此非常存戒慎恐惧底工夫不可。"曰："固是。只是个戒慎恐惧，便是工夫。"广云："数日敬听先生教诲做工夫处，左右前后，内外本末，无不周密，所谓盛水不漏。"曰:"'博我以文,约我以礼',圣门教人,只此两事,须是互相发明。约礼底工夫深,则博文底工夫愈明;博文底工夫至,则约礼底工夫愈密。"

所谓"兴于诗,立于礼,成于乐",圣人之学若认真去体认,其中自然有令人欢喜之处。至于"致中",也就是察觉如何才能不偏不倚,好比射箭如何才能"正当红心之中"。辅广问,是否就是《中庸》所说的"戒慎恐惧"的工夫,得到朱熹的肯定,认为"戒慎恐惧,便是工夫"。辅广接着感叹,在老师身边听从教诲,真是"左右前后,内外本末"种种学问,"无不周密",也就是所谓"盛水不漏"。于是朱熹再提及《论语》"博文约礼"之教,"博文"与"约礼"相互发明,也就是说,读书体认圣贤之言语,应该与立足于当下踏实做克制思虑的工夫,二者必须结合起来,知行并进,知之"博文"工夫愈明则行之"约礼"工夫愈密,相得益彰。

在《训门人一》之"辅广"部分最后,讲到了辅广与老师朱熹告别的一段,其中说:

> 先生问广:"到此几日矣?"广云:"八十五日。"曰:"来日得行否?"广曰:"来早拜辞。"曰:"有疑更问。"广云:"今亦未有疑。自此做工夫去,须有疑,却得拜书请问。"曰:"且自勉做工夫。学者最怕因循,莫说道一下便要做成。今日知得一事亦得,行得一事亦得,只不要间断;积累之久,自解做得彻去。若有疑处,且须自去思量,不要倚靠人,道待去问他。

若无人可问时,不成便休也! 人若除得个倚靠人底心,学也须会进。"

此条明确记载了辅广兄弟在武夷山问学的具体时间,因为说到"来早拜辞",而到此日则已经"八十五日",故辅广在武夷山一共当有八十六日,那么在老师门下问学的时间也不可谓不多了。至于朱熹最后的一段叮嘱,则另有一段记录可与上文一并参考:

> 先生语汉卿:"有疑未决,可早较量。"答云:"眼前亦无所疑。且看做去有碍,方敢请问。"先生因云:"人说道顿段做工夫,亦难得顿段工夫。莫说道今日做未得,且待来日做。若做得一事,便是一事工夫;若理会得这些子,便有这些子工夫。若见处有积累,则见处自然贯通;若存养处有积累,则存养处自然透彻。"

朱熹问辅广,是否还有疑处要问,辅广回答说如今眼前未有疑处,就看将来如何去做工夫,去实践所学得的道理,若遇见阻碍、发现疑处,则再拜书信来请问。朱熹对辅广的回答则包括了三层道理:第一,关键在于"困知勉行"的工夫,学者最怕的就是因循守旧,不能想着一下子工夫就能做成,也不能想着今日做不成,就等着来日再去做;第二,只要今日知道一个道理,然后能够实践这一个道理就好,只是不要间断了,那么积累得久了,自然就能够自然贯通、自然透彻起来;第三,若是有了疑问，必须自己去仔细思量，不要依靠他人，此时若有人则还可以问他人，他时若无人可问难道就将疑处放弃了不成？所以必须去除依靠他人之心，学问才能大有进步。

三

庆元五年（1199）十一月前后辅广又一次来到考亭。这一次问学的具体日期，朱熹以及相关年谱未见记载，只有该年朱熹给辅广的信中有"承许秋凉相访，甚幸"一句。另据方彦寿先生《朱熹书院与门人考》指出，陈淳（1159—1223）《竹林精舍后记》说其于该年十一月中浣问学于沧洲精舍，《朱子语类》卷三有叶贺孙、陈淳同录"论鬼神之事"一条，文中记载了辅广的两次发言，故以叶、陈、辅三人能同时在场的时间考察，可以确定此次辅广问学的大致时间，只是无法确定住了多久，以及堂弟辅万是否同行等问题。

另外，《朱子语类》卷一百四之中的"叶贺孙录"，辅广又两次明确提到了"前年侍坐"如何如何，只能是在庆元五年回忆庆元三年在武夷山的"侍坐"，才适合称之"前年"。当时还是因为党禁，故朱熹"多有不可为"之叹，然而老师也曾说过"天下无不可为之事"，于是做学生的便有疑惑，《朱子语类》记载：

先生多有不可为之叹。汉卿曰："前年侍坐，闻先生云：'天下无不可为之事，兵随将转，将逐符行。'今乃谓不可为。"曰："便是这符不在自家手里。"

对此疑惑，朱熹回答说，即便"兵随将转，将逐符行"，但是这个"兵符"不在自己手里，也是无可奈何了。另外朱熹还有"不觉老了"之叹，于是辅广就前年与今年"所闻"之别又有疑惑：

> 汉卿又问："前年侍坐，所闻似与今别。前年云：'近方看得这道理透。若以前死，却亦是枉死了！'今先生忽发叹，以为只如此不觉老了。还当以前是就道理说，今就勋业上说？"先生曰："不如此。自是觉得无甚长进，于上面犹觉得隔一膜。"又云："于上面但觉透得一半。"

前年朱熹还说"近方看得这道理透。若以前死，却亦是枉死了"，此句近似于孔子"朝闻道夕死可矣"，因为就书中的道理而言，每隔一年读过去都会透彻一层，这也是孔、朱二人经常与弟子们说起的。那么朱熹为什么忽然发出"不觉老了"的感叹呢？是因为书中的道理未得，还是因为勋业未得呢？朱熹说，还是觉得学问"无甚长进"，就最上面的性天之道"犹觉得隔一膜""透得一半"。由此可知，作为老师，朱熹在弟子辅广等人面前，也是毫不掩饰自己尚有不足之处，这对于教育弟子们应当永远虚怀若谷，必然多有启发意义。

《朱子语类》其他论及辅广问学的，大多无法确定具体是在哪一次的，选择其中比较重要的问题，也在此略作介绍。

因为当时朱熹已是晚年，更何况还有党禁事件的影响，故而他们也经常说到生死以及鬼神等问题。因为《中庸》之中说："鬼神之为德，其盛矣乎！视之而弗见，听之而弗闻，体物而不可遗。

使天下之人,齐明盛服以承祭祀,洋洋乎如在其上,如在其左右。"于是辅广与朱熹之间有一段问答,《朱子语类》卷六十三记载:

> 问:"'鬼神之德,其盛矣乎!'此止说嘘吸聪明之鬼神。末后却归向'齐明盛服以承祭祀,洋洋乎如在其上',是如何?"曰:"惟是齐戒祭祀之时,鬼神之理著。若是他人,亦是未晓得,它须道风雷山泽之鬼神是一般鬼神,庙中泥塑底又是一般鬼神,只道有两样鬼神。所以如此说起,又归向亲切明著处去,庶几人知得不是二事也。"

辅广认为"鬼神之德"是指"嘘吸聪明之鬼神",朱熹大体赞同。至于"齐明盛服"一句,"齐"通"斋",是说古人斋戒沐浴而后穿着庄重的服装去祭祀,感受到鬼神之气如同在上头飘动。朱熹说,斋戒、祭祀的时候,鬼神屈伸的道理明白易懂,但是一般人也未必晓得,故而会说风雷山泽之中的鬼神是一种,寺庙里泥塑的鬼神又是另一种,若是将"齐明盛服"一句讲得亲切明白,那就会觉得山泽与寺庙中的鬼神其实并不是两样的了。二程说:"鬼神,天地之功用,而造化之迹也。"张载说:"鬼神者,二气之良能也。"辅广就这两句与朱熹又有请教:

> 汉卿问:"鬼神之德,如何是良能、功用处?"曰:"论来只是阴阳屈伸之气,只谓之阴阳亦可也。然必谓之鬼神者,以其良能、功用而言也。今又须从良能、功用上求见鬼神之德,始得。前夜因汉卿说个修养,人死时气冲突,知得煞蒿之意

亲切，谓其气袭人，知得凄怆之意分明。汉武李夫人祠云：'其风肃然。'今乡村有众户还赛祭享时，或有肃然如阵风，俗呼为'旋风'者，即此意也。"因及修养，且言："苌弘死，藏其血于地，三年化为碧，此亦是汉卿所说'虎威'之类。"

朱熹强调，关键在于天地阴阳二气的屈伸运行，若称之鬼神，就是指其良能、功用而言，然后才可以说"鬼神之德"。比如辅广提及的修养问题，人死的时候阴阳二气会有冲突，然后才明白"焄蒿之意"。"焄"同"荤"，指葱蒜之类；"蒿"指青蒿、香蒿。"焄蒿"指祭祀时祭品发出的气味，也指祭祀本身。还有"其风肃然"，朱熹认为祭祀之时似乎有阵风、旋风，比如"苌弘化碧"一事，则与辅广讲到的"虎威"有些类似。也就是说，人死之后，或许有冤屈之气、凄怆之气，则更需要祭祀了。朱熹此处还说：

> 又如今医者定魄药多用虎睛，助魂药多用龙骨。魄属金，金西方，主肺与魄。虎是阴属之最强者，故其魄最盛。魂属木，木东方，主肝与魂。龙是阳属之最盛者，故其魂最强。龙能驾云飞腾，便是与气合；虎啸则风生，便是与魄合。虽是物之最强盛，然皆堕于一偏。惟人独得其全，便无这般磊魄。

"定魄药"往往会用"虎睛"，"定魂药"则会用"龙骨"。金，主西方，主肺、主魄，而虎是阴属中的最强者，它的魄最盛，"虎啸则风生，便是与魄合"；木，主东方，主肝、主魂，而龙是阳属中的最盛者，它的魂最强，"龙能驾云飞腾，便是与气合"。

这些动物虽然强盛,但还是落于一偏,只有人才能"独得其全",所以不会有动物的那种"磊魂"。也就是说人一般不会有不平之气,除非有大冤屈。朱熹最后说:

> 鬼火皆是未散之物,如马血,人战斗而死,被兵之地皆有之。某人夜行淮甸间,忽见明灭之火横过来当路头。其人颇勇,直冲过去,见其皆似人形,仿佛如庙社泥塑未装饰者。亦未散之气,不足畏。

通常所说的"鬼火",就是人或动物死后"未散之物",如"马血"及"人战斗而死,被兵之地",都会有"未散之物"。朱熹还举例说,有人夜间行走于淮河一带,忽然看到有一明一灭的火光横着过来挡住路头,这个人颇为勇猛,于是直接冲了过去,看到火光都是人的形状,好像寺庙里的泥塑尚未被油漆装饰的样子,这些都是死后未消散的气,但不足畏惧。与此相关的还有《朱子语类》卷三的一段问答:

> 汉卿云:"季通说:'有人射虎,见虎后数人随着。乃是为虎伤死之人,生气未散,故结成此形。'"……先生曰:"人只了得每日与鬼做头底,是何如此无心得则鬼神服?若是此心洞然,无些子私累,鬼神如何不服!"

辅广举蔡元定(字季通)的话,被虎咬死的人,"生气未散"就会结成人形,跟在虎的后面。朱熹则指出,人不必过多去关注鬼神之事，若是"此心洞然，无些子私累"，那么鬼神怎么会不服呢？也就是说，需要修养的只是自己的心性，若洞然而与天地之道合一，没有私欲的干扰，也就不必畏惧任何鬼神了。

值得特别注意的是，《朱子语类》卷三有一条说"不伏其死者"之气，则与朱熹当时的遭遇有关：

> 用之云："人之祷天地山川，是以我之有感彼之有。子孙之祭先祖，是以我之有感他之无。"曰："神祇之气常屈伸而不已，人鬼之气则消散而无余矣。其消散亦有久速之异。人有不伏其死者，所以既死而此气不散，为妖为怪。如人之凶死，及僧道既死，多不散（僧道务养精神，所以凝聚不散）。若圣贤则安于死，岂有不散而为神怪者乎！如黄帝尧舜，不闻其既死而为灵怪也。尝见辅汉卿说：'某人死，其气温温然，熏蒸满室，数日不散。'是他气盛，所以如此。刘元城死时，风雷轰于正寝，云雾晦冥，少顷辩色，而公已端坐蘦矣。他是什么样气魄！"

朱熹弟子刘砺（字用之，三山人）问祭祀于山川、先祖，所发生的感应问题，朱熹回答说，山川神祇之气，经常在那里屈伸往来不已，但人死为鬼之气则消散之后什么也没有了；只是消散得快慢则不同，有的久久不散，有的迅速消散。有的人虽然死了但不服气，那么他的气不愿消散，于是化为妖怪，比如有人遭遇凶惨而死，就会如此。还有僧人、道人因为修养精神，死后之气也能宁静不散，但是圣贤必安于死，那么岂有不散而化作神怪的道理呢？比如黄帝、尧、舜，就没有听说死后成为灵怪的。然后朱熹提及辅广说某人死后"其气温温然，熏蒸满室，数日不散"一句，说这就是生前气盛，所以才能在死之时其气如此。

至于此处提及的刘元城，也即刘安世（1048—1125，字器之），魏州元城（今河北大名）人，熙宁六年（1073）进士，历任右正言、左谏议大夫、枢密都承旨等，以直谏闻名，时人称之"殿上虎"。章惇掌权时，外贬英州和梅州安置，宋徽宗即位获赦，先后治理衡州、鼎州、郓州及镇定府。等到蔡京拜相之后，又被贬至峡州羁管，后复承议郎，寄居宋州州城。去世之时还没有恢复名誉，直到淳熙八年（1181）方才得以平反，赐谥"忠定"。辅广此处提到刘安世之死，说是风雷轰鸣、"云雾晦冥"，"他是什么样气魄！"也就是在说，刘安世之死，多有冤屈。实际上则是借刘安世而表达自己也正在蒙受冤屈。朱熹也是有大气魄之人，所以他也坚信自己所受的冤屈自然能够得以平反，故表现出极大的信心。

朱熹也善于因材施教，特别针对辅广读书的弊病多有指导，这当就是后来他编辑《朱子读书法》的因缘所在。《朱子语类》卷六十四，曾记载朱熹与辅广讲到自己是如何读《中庸》的：

> 汉卿看文字忒快。如今理会得了，更要熟读，方有汁水。某初看《中庸》，都理会不得云云。只管读来读去，方见得许多章段分明。
>
> 盖某僻性，读书须先理会得这样分晓了，方去涵泳它义理。

后来读得熟后，方见得是子思参取夫子之说，著为此书。自是沉潜反复，逐渐得其旨趣，定得今章句一篇。其摆布得来，直怎么细密！

由此可知，辅广读书速度很快，朱熹就特别强调，不是大体理会书中的意思就可以了，而是要反复熟读，好比是吃水果，需要细细咀嚼"方有汁水"，比如他自己读《中庸》，起初并不能很好地理会其中的道理，只管读来读去，渐渐许多章节段落也就分明起来了。将书中的道理理会得分明了，然后再去涵泳义理，读熟之后，才能体会子思如何"参取夫子之说，著为此书"，也就是说第一步是熟读；第二步是理解各章各段的道理，也即文字所体现的要义；第三步是更进一步去体会著者是如何写作此书的，也即体会著者之本义。朱熹不断地"沉潜反复"，才能得《中庸》之旨趣，完成《中庸章句》，方才明白书中的细密之处。《朱子语类》卷四十类似的一条中说：

汉卿再请："前所问'必有事焉'，蒙教曰：'人须常常收敛此心，但不可执持太过，便倒塞了。然此处最难，略看差了，便是禅。'此意如何？"曰："这便是难言。"正淳谓云云。先生曰："固是如此，便是难。学者固当寻向上去，只是向上去，便怕易差。只吾儒与禅家说话，其深处止是毫忽之争。到得不向上寻，又只画住在浅处。须是就源头看。若理会得，只是滔滔地去。如操舟，寻得大港水脉，便一直溜去，不问三尺船也去得，五尺船也去得，一丈二丈船也去得。若不就源头寻得，只三五尺船子，便只阁在浅处，积年过代，无缘得进。"

辅广又曾以《孟子·公孙丑上》"必有事焉而勿正，心勿忘，勿助长也"一句请教，当时朱熹说必须"收敛此心"，但又"不可执持太过"，过于收敛容易导致闭塞，也会近于禅学，所以做工夫还是很难的，故辅广再问。朱熹说，收敛的修养工夫确实很难，这正是儒学与禅学分辨的"毫忽之争"，关键在于"向上寻""就源头看"，而不可"只画住在浅处"，或者"只是滔滔地去"。也就是说，要就学问的源头寻找"大港水脉"，去追问圣贤经典以及天地道理的根本之处，而不是就修养工夫的收敛本身谈论得失。至于人自身的力量，则好比行舟，三尺船、五尺船、一丈二丈船都去得，只要坚持"就源头寻得"，若"阁在浅处"，那么即使"积年过代"也无缘得进。这些问答其实就涉及《朱子读书法》之中的"虚心涵泳"与"居敬持志"。

此外，辅广问学，多有涉及禅宗思想的，朱熹也不完全否定，《朱子语类》卷一百四、卷五分别有记载：

或谓汉卿多禅语。贺孙因云："前承汉卿教训，似主静坐澄清之语。汉卿云，味道煞笃实云云。"先生曰："静坐自是好。近得子约书云：'须是识得喜怒哀乐未发之本体。'此语尽好。"

汉卿问："心如个藏，四方八面都恁地光明皎洁，如佛家所谓六窗中有一猴，这边叫也应，那边叫也应。"曰："佛家说心处，尽有好处。前辈云，胜于杨墨。"

这两条可以看出，辅广对于禅学也深有体会。一是"主静澄清之语"，还提及叶味道（初名贺孙，更字知道，浙江温州人）做工夫的"笃实"等等，朱熹说"静坐自是好"，但关键在于"识得喜怒哀乐未发之本体"，也就是辨别理欲的根本之处，而不是一味静坐。另一是"心如个藏"，辅广认为佛家关于心的比喻，说是人心四面八方都是"光明皎洁"的，如同一所房子有六扇窗子，中间关了一个猴子，那么这边叫也有回应那边叫也有回应。朱熹就说佛家谈论人心，"尽有好处"，甚至有儒家的前辈说"胜于杨墨"。可见朱熹虽然多有教导辅广一心孔孟之学，但对他偶然钻研禅学也不是完全排斥的。

在蔡元定去世后两年，庆元六年（1200）三月初九，一代大儒朱熹也离开了人世，据蔡沈的《梦奠记》所记，朱熹去世时，情景萧条，连他的女婿黄榦、儿子朱在都不在身边，然而该年十一月二十日，由蔡沈主丧役，黄榦主丧礼，将朱熹安葬于建阳唐石里后塘九峰山下，参加此次会葬者近千人之多。另外《梦奠记》也没有写到辅广，此时的辅广应当是在都城临安，讲解他所学得的朱子之学。

宋庆元二年（1196），辅广与其堂弟辅万一同前往武夷山，到沧洲精舍向朱熹问学，三月而返。

第六章　考亭诸生老

朱熹去世后两年，也即嘉泰二年（1202），朝廷开始渐渐放宽"伪学"之禁，在临安的辅广终于可以名正言顺地讲朱子学了。当时的辅广，"居太学之南，以道自任，同志之士相与质疑问难，户外屡满，志不少屈"，也即他在临安，为便于讲学，就居住在太学之南。与辅广一道论学的主要有同门李方子（1169—1226）、张洽（1160—1237）等人。然而出于辅广之门，受其影响最深的，则是南宋后期的理学名臣魏了翁（1178—1237）。魏了翁筑有鹤山书院，将辅广所授传播于四川。

辅广在此阶段，主要致力于传播朱子学，除了研读诸如《四书章句集注》等朱熹本人著作之外，还有就是系统整理了他本人以及其他同门记录的朱熹讲学语录，最终编成《晦庵先生语录》与《朱子读书法》二书，对于朱子学的发展影响深远。

一

开禧二年（1206）五月，在韩侂胄的主持下，宋朝下诏北伐金国，史称"开禧北伐"，但宋朝军队一触即溃，韩侂胄只好甩锅给他的心腹苏师旦（？—1207），夺其三官，衡州居住，抄没家产。然后宋金开始议和，但金国提出的五个条件，其中之一就是要求宋朝交出北伐的"主谋"，矛头直指韩侂胄。开禧三年（1207）十一月，韩侂胄被罢免平章军国事。宋宁宗的第二任皇后杨皇后（原名杨桂枝，1162—1232），因为韩侂胄曾劝立曹美人为后，由是而结怨。故时任礼部侍郎的史弥远（1164—1233）与杨皇后以及钱象祖（1145—1211）等人合谋，用计槌杀韩侂胄于玉津园，并将其头交予金国，"主谋"既死，于是宋金议和顺利进行。

宋金议和之事，也与辅广有关。黄宗羲《宋元学案》之辅广传说："开禧议和，方信孺奉使未成，欲遣先生。辞以'考亭诸生老不称使'，举王楠自代。"当时宋朝派了方信孺出使，从三月到九月，方信孺往返三次，但金国坚持要宋朝交出北伐主谋，而作为"主谋"的韩侂胄当然不能同意，于是和谈失败。这时候，有人提出让辅广担任使节，但被辅广拒绝了，理由是"考亭诸生老不称使"，这八个字很有分量，老，是指年纪；更重要的是，他此时表明身份"考亭诸生"，考亭即朱熹，朱熹晚年讲学的沧洲精舍就在考亭村，而朱熹此时还没有获得全面的平反，造成这个局面的正是韩侂胄。故辅广的推辞，正表达了对韩侂胄以及庆元党禁的不满。辅广虽然拒绝了，但他推荐了王楠，一个多月以后，韩侂胄被杀，宋金和谈完成。

嘉定元年（1208）二月，追复赵汝愚为观文殿大学士，谥"忠定"。在宋宁宗的支持下，史弥远开始全面清算韩侂胄的势力。嘉定二年（1209）十二月，赐庆元党魁朱熹谥"文"，后来常说的"朱文公"，即起于此。宝庆三年（1227）正月，宋理宗下诏，特赠朱熹"太师",追封"信国公";绍定二年(1229),改封"徽国公";淳祐元年(1241),从祀孔庙。在此期间,朱子之学也得到全面的平反,渐渐成为官学。嘉定五年(1212),朱熹的学生、国子司业刘爚奏请朝廷将朱熹《四书章句集注》中的《论语集注》《孟子集注》立为官学教材被获准。宝庆三年(1227)正月,宋理宗在诏令中说:"朕观朱熹集注《大学》《论语》《孟子》《中庸》,发挥圣贤蕴奥,有补治道。"在推尊朱熹其人的同时,也推尊其学,朱熹的《四书章句集注》在宋理宗期间则在官学中的地位更加稳固了。当然正式确立其为最重要的科举取士之标准,则已是在元仁宗延祐二年(1315)了。

从文献记载来看,从蔡元定编管道州(1197)到宋宁宗嘉泰三年(1203),有关辅广的记载,几乎一片空白,想要考察朱熹去世之后辅广的行迹,就只能依靠魏了翁了。比如魏了翁《鹤山集》卷三十五《答朱择善》之中就有比较明确的时间记载:

> 甲子、乙丑年间,与辅汉卿、李公晦邂逅于都城,即招二公时时同看朱子诸书。只数月间,便觉记览词章皆不足以为学。于是取六经、《语》、《孟》字字读过,胸次愈觉开豁。前日之记览词章者,亦未尝不得力。近数年间,山中无事,再取诸经、《仪礼注疏》重加温寻,又将要紧处编出,始知先儒之说,得于此者亦多。第汉魏诸儒,言语拙讷不能发明,亦坐党同伐异,不能平心以定是非耳。

魏了翁,字华父,号鹤山,邛州蒲江(今属四川)人,庆元五年（1199）进士，授剑南西川节度判官，历任国子监国子正、武学博士、试学士院，后因反对韩侂胄用兵，为韩侂胄所不容，以校书郎外放知府。端平元年（1234），以端明殿学士、同签枢密院事督视京湖军马，位列宰执。他也是南宋著名的理学家，朱子学的主要传承者、推动者，关乎南宋中后期的思想学术甚巨，特别是推动周敦颐等理学家的从祀孔庙以及兴建书院、传播朱熹的学术等方面，影响深远。著有《九经要义》《古今考》《经史杂钞》《师友雅言》《鹤山集》等。

上文中的甲子为嘉泰四年（1204），乙丑为开禧元年（1205），可见辅广此时仍住在京师临安，而且与朱熹另一门生李方子（公晦）常在一起。由此可知，魏了翁认识辅广的时候，正是庆元党禁有所放宽之后，魏了翁主动邀请辅、李二公"时时同看朱子诸书"，从称他们为"二公"，可见其颇为尊敬。然而关键在于通过"二公"而得以深入朱子学，"只数月间，便觉记览词章，皆不足以为学"，然后就顺着朱熹之书的指引，"取六经、《语》、《孟》，字字读过，胸次愈觉开豁"，然后再读"记览词章"也能够有所得力了。此后魏了翁继续重读《仪礼注疏》之类，进一步体会朱熹等先儒之说，甚至考辨汉魏诸儒与宋儒经学之异同等问题。从这一段文字，已经可以知道辅广对于魏了翁的为学之路，当有着决定性的影响。

关于辅广与魏了翁的关系，当年的地方志上说的是师生，比如光绪《石门县志》就说："魏了翁亦出其门，筑室白鹤山下，以所闻于辅广、李燔者开门授徒，士争负笈从之。"这应当就是延续宋元以来地方志上的说法。然而黄宗羲在给辅广作传的时候，却特意加以澄清，《辅潜庵传》以及《宋元学案》卷六十四《潜庵学案》黄宗羲的按语说：

> 旧《志》言魏文靖公出先生门。案，文靖跋文公与先生帖云："亡友汉卿，端方而沉硕，文公深所许可。"此可以证其非弟子矣。其为此言者，文靖由先生而得文公之书。《宋史·文靖列传》影响其词，谓了翁筑室白鹤山下，以所闻于辅广、李燔者开门授徒。盖本《文靖语类序》，而分疏不详，《志》则本《宋史》而展转失实，文靖于先生与敬子，皆友而非师也。

此处的"旧《志》"具体指何种，未加说明，而魏了翁本人的文字也仅提及一种。故需要结合《宋元学案》卷八十《鹤山学案》黄宗羲之子黄百家的一段按语，来加以补充说明：

> 百家谨案：《宋史》言：鹤山筑室白鹤山下，以所闻于辅广、李燔者开门授徒，士争负笈从之。由是蜀人尽知义理之学。于是《嘉兴志·辅汉卿传》遂谓鹤山是汉卿之门人。然考《鹤山集》言："开禧中，余始识汉卿于都城。……余既补外，汉卿悉举以相畀。"又言："亡友辅汉卿，端方而沉硕，文公深所许与。"乃知友而非师也。

黄百家已经指明"旧《志》"就是《嘉兴志》，也即元、明以来嘉兴或崇德的相关地方志。然而黄百家在《宋元学案》卷六十四《潜庵学案》中却说："辅潜庵一儒生耳……而所传之学，蜀则有魏鹤山了翁，闽则有熊勿轩禾、陈石堂普。"由此则可知，黄百家对于辅广、魏了翁之间是否存在师徒关系的说法，有一些含糊不明。

再看黄氏父子共同提到的是魏了翁《鹤山集》卷六十二《跋朱文公所与辅汉卿帖》，其中说：

> 亡友汉卿，端方而沉硕，文公深所许与。往来书帖，当不止此。然其怀人忧世、劝学兴善之心，于此亦可略见。所谓"当此时节，立得脚定者，亦难其人，况更向上事邪？"文公之所望于学者，盖若此。

由此可知，魏了翁对辅广师从朱熹一事，非常熟悉，认为辅广的性情"端方而沉硕"，已为朱熹所称许，再加之"怀人忧世、劝学兴善之心"以及"立得脚定"，故成为朱熹"之所望于学者"。魏了翁还认为他们的往来书信"当不止此"，然此处无法推断当时他看到了多少通书信，现存《晦庵文集》则还有八通。黄宗羲由此处的"亡友"二字，就考定辅、魏两人并非师生，而是朋友，似乎武断了些。黄百家另外引述了《鹤山集》卷五十三《朱文公语类序》，魏了翁说：

> 开禧中，余始识辅汉卿于都城，汉卿从朱文公最久，尽得公平生语言文字，每过余，相与熟复诵味，辄移晷弗去。余既补外，汉卿悉举以相畀。

这充分说明,魏了翁接触朱子学说就始于辅广,然后他认为辅广"尽得公平生语言文字",也即朱熹的著述,辅广几乎都有。更重要的是,魏了翁在开禧二年(1206)外补而赴任嘉定府(今乐山市)之时,辅广又将自己珍藏的朱熹著作全数赠送给了魏了翁,这似乎就是老师对学生的一种托付。其实,与此类似的托付,还有魏了翁的《朱氏语孟集注序》:

> 王师北伐之岁,余请郡以归,辅汉卿广以《语孟集注》为赠曰:"此先生晚年所授也。"余拜而授之。较以闽浙间书肆所刊,则十已易其二三;赵忠定公帅蜀日成都所刊,则十易六七矣。前辈讲学工夫,皆于躬行日用间真实体验,以自明厥德,非以资口笔也。故历年久,阅天下之义理多,则知行互发,日造平实,语若近而指益远。余读之累岁,每读辄异他日,故不敢秘其本,以均儆同志之士云。

此处提到的是"开禧北伐",魏了翁将回四川,辅广便将《语孟集注》一书相赠,并强调本书是朱熹晚年亲授的,这一馈赠,与前者类似。大约此书正是辅广庆元五年(1199)那次去武夷山所抄来的《论语集注》与《孟子集注》的朱熹晚年定本,所以后来魏了翁将之与"闽浙间书肆所刊"的"宝婺本",或"成都所刊"的"南康本"加以对比,发现更换的文字极多,感觉非常珍贵。魏了翁还说,他经常读此书,将此书作为自己"知行互发,日造平实"的实践工夫的参照,故每次读就会有不同的收获,因此方才决定将此书刊行。另外还有《鹤山集》卷六十四《跋静春先生刘子澄帖》说:"某生晚,不及与观一时师友之盛,犹幸与辅汉卿、赵昌父、张元德诸公游。"魏了翁生在"后东南三贤"的时代,"不及与观一时师友之盛",但是能够与辅广等人从游,已经是万幸了。从这些文字中,可以反复看到辅广在魏了翁学术生涯之中的重要性。

至于魏了翁的学术,可以易学为例,来看其到底是如何通过辅广而传承了朱子学。《鹤山集》卷一百九《师友雅言下》中有一条说:

朱晦翁《易》,大概本诸邵子。《启蒙》明述《先天图》,而赞之辞谓邵明羲《易》、程演周经,此意可见。某曾亲闻辅汉卿广其说,谓须是识得辞、变、象、占四字,如初九潜龙勿用,此辞也;有九则有六,此变也;潜龙,即象;勿用,即占。人谓《本义》专主占筮者,此未识先生之意耳。某以此看《本义》,诚是精密。邵子无《易》解,不过《观物》《经世》《先天图》诸书,《击壤》诗中亦多有发明先天处。参以汉上《易》,则程、邵之说尤明。第汉上太烦,人多倦看,却是不可废耳。

此条说明辅广善于《周易》之学,对于"辞变象占"四字所指易学中的具体内容,做了非常简明扼要的说明,然后强调"辞变象占"并不是专门指占筮之法,这主要是从程朱理学的易学,特别关注义理的角度来说的。与此相关的,《鹤山集》卷三十五《答池州张通判》中说:

《易传》与《本义》之异同，则向来固尝与辅广汉卿细评之。大抵文公所为邵传羲易、程演周经者，盖于邵子多有取焉，而未尝显言之。兼东南学者，亦罕得邵学，今正欲迨此暇日，合程、邵之异为一书，尚恨穷理未至，未欲容易为之也。

此外还有《答刘司令宰》则说："详味公《易》，大抵得于邵子为多，旧见辅汉卿略知此意，尝以问之余人，亦鲜知之。盖不读邵《易》，则茫不知《启蒙》《本义》之所以作。"将这三段文献综合则可知：第一，魏了翁认为朱熹的易学，大体上来自邵雍，比如朱熹的《周易启蒙》明确有来自邵雍《先天图》的，朱熹还说"邵明羲易、程演周经"，也即邵雍阐明的是伏羲之易学，而程颐推演的是周文王的易学。之所以这样说，是因为朱熹本来就对邵雍多有采纳，只是并未明说而已。第二，若是不懂邵雍的易学，也就无法知道朱熹《周易启蒙》《周易本义》以及程颐《伊川易传》之间的异同，而这些书的异同，魏了翁曾与辅广"细评之"。第三，魏了翁还亲自听闻辅广之教，辅广扩充邵雍的学说而成为"辞、变、象、占"四字之学，魏了翁则认为此学很重要，故详细记述。第四，魏了翁继承了辅广的说法，强调朱熹的《周易本义》并非"专主占筮"，此书"诚是精密"，还说邵雍书中对先天易学的发明，再加上发展了程颐易学的朱震（1072—1138）的《汉上易传》，那就能"合程、邵之异为一书"，也就是说沿着辅广的易学之路，当能开出新的境界。由此四点可知，魏了翁至少在易学上，深受辅广的影响。

综合而言，辅、魏二人虽以朋友相称，但事实上存在一定的师生关系，两人相与论学约两年之久，故地方志所说魏了翁为辅广弟子未为无据。且从年龄上看，辅广至少比魏了翁大了二十多岁；而辅广又将自己所藏朱熹之著作悉数传给了魏了翁，还讲授其易学等各种学术心得，这些魏了翁本人都有明确记载。再据《宋史·魏了翁传》所说："筑室白鹤山下，以所闻于辅广、李燔者开门授徒。"鹤山书院之兴建，原本就是承继了辅广之学，从而将朱子学传入四川。魏了翁提及"辅汉卿"之名字者，仅在《鹤山集》中就有不下十处，由此亦可知从游于辅广，对于魏了翁一生学术，特别是传承朱子学的重要意义。上述证据其实已经肯定了辅广、魏了翁事实上的师生关系。

《宋史》所记，有一个明显的错误，据上文提及的魏了翁《朱文公语类序》可知，这里的"李燔"，其实是李方子（1169—1226）。李燔（1163—1232）与李方子都是朱熹门生。李燔，字敬子，南康建昌人，曾在白鹿洞书院接续朱熹讲学，影响颇广。他的名字确实很容易与李方子混淆，然辅广与李燔的交往，则明显不如与李方子的交往多。朱熹在写给辅广的书信中说："精舍亦有朋友数人相聚，李敬子、胡伯量尚未去，早晚颇有讲说。"胡泳（伯量）与李燔，这两人庆元四年（1198）与庆元五年（1199）两年间都在沧洲精舍问学，朱熹特意在与辅广的信中提及，则应当都是相识的。黄宗羲与黄百家考证了辅、魏并非师生，同时引用《宋史·魏了翁传》，可惜没有指出《宋史》所记"李燔"当为"李方子"的误记。

关于辅广与李方子，共同影响魏了翁的事实，还有《鹤山集》卷五十四《朱文公年谱序》，魏了翁说：

吾友李公晦方子，尝辑先生之年行，今高安洪使君友成，为之锓木以寿其传。高安之弟天成，属予识其卷首。呜呼！帝王不作，而洙泗之教兴，微孟子，吾不知大道之与异端，果孰为胜负也。圣贤既熄，而关洛之学兴，微朱子，亦未知圣传之与俗学，果孰为显晦也。韩子谓孟子之功不在禹下，予谓朱子之功不在孟子下。予生也后，虽不及事先生，而与公晦及辅汉卿广，昔者尝共学焉。故不敢以固陋辞。

李方子，字公晦，号果斋，邵武军光泽县人，宋宁宗嘉定七年（1214）进士，历任泉州观察推官、国子监学录等。因其为人严肃谨慎，朱熹便对他说："观公晦为人，自是寡过，但宽大中要规矩，和缓中要果决。"于是他以"果"名其书斋而号"果斋"。庆元三年（1197）李方子曾到建阳求学，在辅广所记的朱熹语录中就有"公晦问无声无臭"一条，而李方子所记中也有"汉卿问一阳初动处，万物未生时"一条；还有李方子与辅广各录"吕与叔谓养气"一条等，都可以证明二人曾经同学，故他们在临安时也当多有往来，也当会共同影响魏了翁。

李方子在庆元党禁之际辑有《晦庵先生事实》，还为朱熹《资治通鉴纲目》作后序而刊行。当然最重要的是，完成了历史上第一部《朱子年谱》，后来魏了翁为其作序。魏了翁在此序中说"朱子之功不在孟子下"，若没有朱熹则圣学之传与俗学哪个更能成功都不可知了。还提及他与李方子（公晦）以及辅广"昔者尝共学焉"，在此序中还特意提及辅广，也可知辅广对其影响极深，至少超过了李方子。

辅广的重要学侣，除了堂弟辅万与叶贺孙、万人杰、陈淳，以及李方子、李燔等人，另据《宋元学案》则知还有张洽（1160—1237）。张洽，字元德，临江清江人，少时聪慧，后问学于朱熹。从朱熹与张洽的书信往还来看，绍熙五年（1194），张洽与辅广曾在临安一同问学于朱熹，后来他们还一起与魏了翁多有交往。张洽曾向县里申请，从常平仓贷米，在乡里建社仓，惠及百姓而为乡人所重。后袁甫任江东提刑，招张洽为白鹿洞书院山长，张洽说："是先师之迹也，其可辞！"张洽一生信服朱熹之学，著作有《春秋集注》与《春秋集传》等。

纳兰性德（1655—1685）《胡一桂〈易本义附录纂注〉〈启蒙翼传〉合序》说："近代经学至朱子而得其归，若节斋蔡氏、槃涧董氏之于《易》，九峰蔡氏之于《书》，传贻辅氏之于《诗》，清江张氏之于《春秋》，勉斋黄氏、信斋杨氏之于《礼》，皆朱子嫡嗣也。"也就是说，蔡渊（1156—1236）、董铢（1152—1214）擅长易学，蔡沈擅长尚书学，黄榦与杨复擅长礼学，张洽擅长春秋学，辅广擅长诗学，他们都是阐发朱熹经学最重要的嫡传弟子。吕思勉先生指出：

> 朱门之著者：有蔡西山父子，其律历象数之学，足补师门之阙。勉斋以爱婿为上座，实能总持朱子之学，勉斋殁而后异蜕兴，犹孔门七十子丧而大义乖矣。勉斋之学，一传而为金华，再传而为鲁斋、白云、仁山、双，皆卓有声光。辅汉卿学于朱子，兼受学于成公，其传为魏鹤山。詹元善亦学于朱子，其传为真西山，皆宋末名儒。詹氏再传，辅氏四传而

得黄东发，则体大思精，又非其师所能逮矣。此朱学之在南者也。

在吕思勉看来，朱熹弟子，最著名的是蔡元定（西山）、蔡沈父子的律历象数之学，传承数代而影响最大的则为黄榦（勉斋），然后就数辅广。因为辅广传朱学于魏了翁（鹤山），辅氏四传而有黄震（东发，1213—1281），这些都是朱子学在南方最有影响者。

二

事实上，南宋中后期的思想界中，共有两位重量级人物，一是魏了翁，一是真德秀（1178—1235），二人并称"真魏"。黄宗羲在《宋元学案》中说："两家学术虽同出于考亭，而鹤山识力横绝，真所谓卓荦观群书者；西山则倚门傍户，不敢自出一头地，盖墨守之而已。"由此可知，魏了翁与真德秀都在传承朱子学，然而魏比真更加了不起，因为魏"识力横绝"，而真则"倚门傍户"，也就是说魏了翁较有独创能力，那么将辅广称为"友"而非"师"，也当是独创精神的一种表现。

有意思的是，真德秀也与辅广有过交往。真德秀有《跋辅汉卿家藏朱文公帖》一文，他所读到的朱熹写给辅广的书信，当与魏了翁读到的是同一份：

嘉定初年，识公都城，容止气象，不类东南人物。话言所及，皆诸老先生典型，私窃起敬。当时达官贵人有知公者，举措少不合物情，公辄尽言规戒。会中执法新受命，遂劾公。然在朝时，未知所坐果何事，后二十余年，乃见公上政府书一通，其论是非成败，至今亡一语弗验。呜呼贤哉！宜其为文公所重也。其子文甫来官于闽，以考亭书帖见示，谨识其末。

此文提供了多个信息：其一，真德秀说辅广"容止气象，不类东南人物"，辅广原籍河北赵州，他的长相大概跟江浙人有所不同，但这句话更着重在精神；其二，真德秀与辅广相识于嘉定元年（1208），那么比辅、魏相识要晚几年。但结合真德秀、魏了翁的记述，大致可以说明辅广一直生活在京师临安；其三，辅广讲到的"诸老先生"事迹，能让真德秀"私窃起敬"，当是在讲述朱熹之学；其四，辅广在临安，对当时所认识的达官贵人曾多有规劝，他还有"上政府书一通"，但被弹劾，二十余年后众人才知当年上书的内容，发现辅广所论是非成败全都应验了，由此可知其贤，真不愧朱熹弟子，至今可以想见其人！其五，说到了辅广之子辅文甫，当指辅大章或辅季章中的一位，曾到福建为官，其中就有带着朱熹写给辅广的那些书信来找真德秀，也可见辅氏家族将朱熹手迹视为珍宝。真德秀、魏了翁同年，都比辅广小二三十岁，算是晚辈了。但他们两人对辅广的称谓，却很不相同，魏了翁凡提到辅广，都称"汉卿"，真德秀则以"公"称之，这一个细节，可以看出两人的脾气态度了。

再据《宋元学案》卷六十四之辅广传，黄宗羲还说：

> 嘉定初，上政府书，反复于是非成败之际，政府不悦。时卫清叔在枢密，雅重先生，政府益忌之，授意言官劾之，奉祠而归。

还有光绪《石门县志》之辅广传也说：

> 嘉定更化，用事者始以卫道扶世挽之入仕，乃力辞，止食祠禄。已而，察其无实意，裁书上政府，甚剀切，终不合。后二十年，真西山谓其所论是非成败，无一语弗验。

综合上述文献可知，嘉定初年有所谓的"嘉定更化"，对庆元党禁开始松弛，辅广因为卫道有功而被推荐入仕，但辞去官职，只接受祠官的俸禄。注意到当时政府"无实意"，也即无改革弊政之意，于是才有上政府书一事。上书一事真德秀也有讲到，但未说具体内容为何，黄宗羲则说上书内容为"反复于是非成败之际，政府不悦"。辅广上书政府不悦，然后被言官弹劾，最终归隐崇德。

那么这个政府，究竟所指何人？考《宋史·宰辅表》，应该是指钱象祖、史弥远等人。辅广的上书究竟说了什么，使得政府不开心，可惜没有记录一个字，只是笼统地说"反复于是非成败之际"。而真德秀则说，当时对于辅广被弹劾"未知所坐果何事"，不清楚什么原因。等到二十年后，才看到辅广的上书"至今亡一语弗验"，全都被他说中了。到底说中了什么？需要二十年的时间来作检验？推想而言，必是指史弥远等权臣，也即这一届政府的"是非成败",故辅广身在开局之际,就能够看得如此清楚,令真德秀不得不叹服!

再说黄宗羲提及的"卫清叔",即卫泾(1159—1226),据《宋史·宰辅表》记载,卫泾于开禧三年(1207)十一月担任签书枢密院事,十二月除参知政事,嘉定元年(1208)六月罢政。因此,卫泾在枢密院的时间,是开禧三年的十一月,次月即除参知政事,《宋元学案》所谓"时卫清叔在枢密",只能宽泛理解,指的是开禧三年十一月至嘉定元年六月,一共八个月左右的时间。嘉定元年六月,卫泾就遭到御史中丞章良能的弹劾,此事还牵连了辅广。因此,辅广嘉定初上书政府这件事,只能发生在嘉定元年六月前,亦即卫泾担任参知政事这个时期。辅广应当就在此时上书反复论说史弥远等人若据上位则如何如何等问题,于是引发政府中史弥远一系的忌惮,授意言官弹劾,最后辅广在临安也就无法安居了。这样一来,辅广"奉祠而归",回到崇德筑传贻堂而教授生徒的时间,就大致可以确定,即在嘉定元年六月以后不久。巧的是,就在这一年,辅广的儿子辅大章考中进士,若再晚一年恐怕就绝无可能了。

三

辅广在临安讲学著述,其传承朱子学而影响最大的莫过于记录、编辑《晦庵先生语录》与《朱子读书法》,以及他本人《诗童子问》《论孟答问》等著述。

关于《晦庵先生语录》一书,魏了翁在《朱子语类序》(《眉州刊朱子语类序》）中说：

> 开禧中，予始识辅汉卿于都城。汉卿从朱文公最久，尽得公平生语言文字，每过予，相与熟复诵味，辄移晷弗去。予既补外，汉卿悉举以相畀。嘉定元年，予留成都，度周卿请刻本以幸后学。……后数年，竟从予乞本刊诸青衣，彼不过予所藏十之二三耳。……其后李贵之刊于江东，则已十之六七。今史廉叔所得黄子洪类本，则公之说至是几无复遗余矣。

当年魏了翁从辅广那里得到其所辑朱熹"平生语言文字"，也即《晦庵先生语录》，嘉定年间（1208—1224）朱熹弟子度正（亦称庹正，字周卿，1166—1235）请求以此本刊刻，然而所刊不过魏了翁"所藏之二三"。到了嘉定十二年（1219）在眉州刊刻的《朱子语类》，为朱熹另一弟子黄士毅（子洪）所汇集、类编，在魏了翁看来"几无复遗余"。后来还有李道传（贯之）等人编刻的《朱子语类》之"池录"，则是黄榦亲自主持的权威版本，其中辅广排名第二，黄榦在与李道传的信中称辅广"真是学者"。咸淳六年（1270），黎靖德综合诸家而编刊的《朱子语类》，则成为后来影响最大的版本。

辅广是记录、整理以及最初传播朱熹语录的最为重要的朱熹弟子，起到了极为重要的作用。现存《朱子语类》的主要部分就是辅广所记，黎靖德版《朱子语类》共计一百四十卷，其中有一百多卷都收录了辅广所记的朱熹语录，具体所记的条目则有四百八十多条，几乎遍及语录所涉及的绝大多数的学术问题。这些信息，从《朱子语类》每条末的小字标明记录者名字即可知。此外，他人所记提及辅广向朱熹问答的还有六七十条。由此可知，虽然辅广师从于朱熹已经在其晚年，然问学的时间却并不短，而且还非常认真，所以才能留下这么多的记录。并且从朱熹与辅广的书信答问可知，辅广所记大多经过了朱熹的审定，所以相对较为可靠。

至于《朱子读书法》，则是我国古代最系统的读书法。最早就是由辅广根据朱熹的论读书方法相关的语录汇编而成。后来张洪、齐熙则在辅广本的基础上扩展成为四卷本，"以辅氏原本为上卷，而以所续增者列为下卷"，于是成为通行本，然辅广原本现已亡佚。张洪在此书序中说："紫阳夫子生于建炎庚戌，上符洙泗之运，远绍濂洛之传，吐辞为经，家藏人诵，言满天下，皆去言也。然门人辅公所编读书之法，所以呼迷涂而饬稚昧者，尤为深切著明。"朱熹之学术上承孔孟与周敦颐、二程，然而想要读懂朱熹之著作，则还需要辅广所编"深切著明"的读书之法。

推广《朱子读书法》影响最大的当属元代大儒程端礼（1271—1345），他先在《集庆路江东书院讲义》之中，对辅广所归纳的"循序渐进、熟读精思、虚心涵泳、切己体察、着紧用力、居敬持志"这"六条"，用《朱子读书法》之中辅广所辑的朱熹本人的具体读书语录来逐条进行注释，然后再收入他所编撰的《程氏家塾读书分年日程》（下述简称《日程》）之中，从而使《朱子读书法》传播得更为广泛。清代陈宏谋（1696—1771）《五种遗规》之《养正遗规》也完整收入了《集庆路江东书院讲义》所注释的《朱子读书法》。

《日程》制订了每年、每月、每日读书的不同程限,强调必须以"朱子六条"为纲领。他在《读书分年日程原序》中说:"余不自揆,用敢辑为《读书分年日程》,与朋友共读,以救斯弊。盖一本辅汉卿所粹《朱子读书法》修之,而先儒之论,有裨于此者,亦间取一二焉。"也就是说,他认为《日程》可以救正学术之流弊,然而读书方法的根本则在于辅广所辑的《朱子读书法》,至于其他先儒之论,则间或取之,作为补充。另外,程端礼《畏斋集》卷四《送王季方序》中曾说:"余因以辅汉卿所萃《朱子读书法》六条,以辅其志,仅二年,《四书》《易经》传注通念晓析,同学者不能及。"

辅广将朱熹的读书方法概括归纳为"六条":循序渐进、熟读精思、虚心涵泳、切己体察、着紧用力、居敬持志。这"六条"是一个完整的读书进业的过程,有着有机的组合、内在的逻辑。朱熹曾说:"为学之道,莫先于穷理。穷理之要,必在乎读书。读书之法,莫贵乎循序而致精,而致精之本,则又在于居敬而持志。"故而读书"穷理"必须从循序渐进开始,最终达到"致知"之精,又在于"居敬而持志"。"循序渐进",强调量力而行,稳步推进;"熟读精思",强调反复玩味,巩固所学;"虚心涵泳",强调必须注意客观性,不可怀有成见;"切己体察",强调必须注意实际性,结合客观现实,用自己的身心来进行体察;"着紧用力",强调读书必须积极主动,需要在兴趣主导的同时痛下苦功;"居敬持志",强调读书必须要有明确的目标,要有高远的志向。陈宏谋说:"考庆源辅氏,先以居敬持志,次及循序渐进,而江东书院讲义,则先之循序渐进,而以居敬持志终焉。夫居敬持志,固循序致精之本,但在初学,似难遽责之使然。莫若先引以朱子之所自定,然后进之虚心涵泳,切己体察,着紧用力,而终之以居敬持志,则由是以渐进于大学,于为学之序似较顺。"也就是说,辅广原本以"居敬持志"为第一条,也通,因为立志在为学历程中具有绝对的重要性,事实上立志为"致精之本",专一本是读书有成的根本所在,但在初学者则难以一下子领会"居敬"要义,不如依照朱熹"读书之法,莫贵乎循序而至精",也即从循序渐进开始,最后才做"居敬"的工夫。

接下来看《朱子读书法》"六条"的具体内容。第一条"循序渐进":

朱子曰:"二书言之,则通一书而后及一书;以一书言之,篇章句字,首尾次第,亦各有序而不可乱。量力所至而谨守之。字求其训,句索其旨,未得乎前,不敢求乎后;未通乎此,不敢志乎彼。如是,则志定理明,而无疏易陵躐之患矣。若奔程趁限,一向趱着了,则看犹不看也。近方觉此病痛不是小事,元来道学不明,不是上面欠工夫,乃是下面无根脚。"其循序渐进之说如此。

朱熹的大意是说,就以两本书来说,应当先读通一本书之后,再去读另一本书。再以一本书来说,它的篇章字句、首尾先后,原本各有各的顺序,不要将之打乱。还要根据自己的能力,量力而行,确定自己的阅读规则之后,就要严格遵守。每个字都要寻求相应的解释,每句话都要探索相应的意思;前面的还没有懂得，就不敢去学习后面的；此处还没有懂得，就不敢去学习其他的。像这样做，就能志向坚定，道理明白，而没有轻率混乱、超越等次的毛病了。如果总是赶着期限，一向都是这么急急忙忙，那么读了和没读其实是一个样。近来才觉得这种毛病不是小事，原来学问没有做好，不是因为在学术上的功夫花得不够，而是因为下面没有打好基础。"循序渐进"的意思就是这样的。

第二条"熟读精思"：

> 朱子曰："荀子说诵数以贯之，见得古人诵书，亦记遍数。乃知横渠教人读书必须成诵，真道学第一义。遍数已足，而未成诵，必欲成诵。遍数未足，虽已成诵，必满遍数。但百遍时，自是强五十遍；二百遍时，自是强一百遍。今人所以记不得，说不去，心下若存若亡，皆是不精不熟，所以不如古人。学者观书，读得正文，记得注解，成诵精熟。注中训释文意，事物名件，发明相穿纽处，一一认得，如自己做出底一般，方能玩味反覆，向上有通透处。"其熟读精思之说如此。

朱熹的大意是说，荀子"诵数以贯之"，就是说求学始终需要读书需要朗读，并且计数。可见古人读书，也要记下读了几遍。由此可知，横渠先生张载教人读书一定要熟读背诵，真的就是做学问的第一步，读的遍数够了之后，如果没有背下来，必须要继续背下去，直到会背为止。读的遍数还没到，即使已经会背了，也必须读满既定的遍数。如能读满一百遍，就一定比只读五十遍强；读满二百遍，就一定是比只读一百遍强。现在的人之所以记不得、说不出，心里若存若亡、模模糊糊，都是因为没有把该读该背的书，弄精弄熟，所以不如古人。有学问的人读书，读了正文，还记得注解，背得滚瓜烂熟。注释之中解释文中大意，解释事物的名目，阐发相互穿插的枢纽之处，都能一一看得清楚明白，如同那些注释都是自己做出来的一样。只有做到这样子，才能认真玩味、反复体悟，向着精深之处再去思索也有通透之处。"熟读精思"的意思就是这样的。

第三条"虚心涵泳"：

> 朱子曰："庄子说吾与之虚而委蛇，既虚了，又要随他曲折去。读书须是虚心方得。圣贤说一字是一字，自家只平着心，去秤停他，都使不得一毫杜撰。今人读书，多是心下先有个意思，却将圣贤言语来凑。有不合，便穿凿之使合，如何能见得圣贤本意？"其虚心涵泳之说如此。

朱熹的大意是说，庄子说"吾与之虚而委蛇"，已经虚己忘怀了，又还要让自己的思路随着书中的意思去走。读书一定要虚心才能有所得，圣贤说的一字是一字，一句是一句，自己只要平心静气地去斟酌衡量，不能有一丝一毫的编造和虚构。如今的人读书，大多是心里先有了一个自己的想法，然后再把圣贤们的言语拿来硬往上凑。如果有不一致的，就穿凿附会而使之变得一致，这样子怎么能够领会圣贤的本意呢？"虚心涵泳"的意思就是这样的。

第四条"切己体察"：

朱子曰:"入道之门,是将自身入那道理中去,渐渐相亲,与己为一。而今人道在这里,自家在外,元不相干。学者读书,须要将圣贤言语,体之于身。如'克己复礼',如'出门如见大宾'等事,须就自家身上体覆,我实能克己复礼,主敬行恕否?件件如此,方有益。"其切己体察之说如此。

朱熹的大意是说,读书明理的法门,是将自己的整个身心都融入那道理中去,越来越接近,就和自己合为一体了。然而现在的人往往都是"道"在这里,自己却在"道"的外面,毫不相干。学者读书,一定要将圣贤的言语,结合自己的亲身经历去加以体验。比如"克己复礼"一句,说约束自己的一言一行使其符合礼仪的规定;比如"出门如见大宾"一句,说每次出门就要像是去接见重要的客人一样,怀有敬畏之心,这些话都需要通过随时随地在自己身上体察,看看我自己是否能够做到克己复礼、主敬行恕?每一件事情都要这样子,才能有所收益。"切己体察"的意思就是这样的。

第五条"着紧用力":

朱子曰:"宽着期限,紧着课程。为学要刚毅果决,悠悠不济事。且如发愤忘食,乐以忘忧,是甚么精神,甚么筋骨。今之学者,全不曾发愤。直要抖擞精神,如救火治病然。如撑上水船,一篙不可放缓。"其着紧用力之说如此。

朱熹的大意是说,所设定的期限可以略微宽松,但所安排的课程却要紧凑。求学要有刚毅果决的精神，懒懒散散是没有用的。如果发奋读书而忘了吃饭，欣欣然地沉浸在学问之中而忘了烦恼，那是一种什么样的精神境界呀！如今求学的人，完全都不曾发奋读书，真应该抖擞精神了。如同急着去救火、去治病那样，去发奋读书。如同撑船逆流而上，每撑一篙都不敢有所懈怠、放慢。"着紧用力"的意思就是这样的。

第六条"居敬持志"：

> 朱子曰："程先生云涵养须用敬，进学则在致知，此最精要。方无事时，敬以自持，心不可放入无何有之乡，须是收敛在此。及应事时，敬于应事。读书时，敬于读书，便自然该贯动静，心无不在。今学者说书，多是捻合来说，却不详密活熟。此病不是说书上病，乃是心上病。盖心不专静纯一，故思虑不精明。须要养得虚明专静，使道理从里面流出方好。"其居敬持志之说如此。

朱熹的大意是说，程颐《颜子所好何学论》指出"涵养须用敬，进学则在致知"，这是最重要的。也就是说，德行的涵养需要秉持着严肃专一的态度，而学问的追求则需要穷尽宇宙、人生的道理。没有事情的时候，严肃而专一，自己把持好自己的心，不能把心放入空洞虚幻的白日梦之中，必须将心收敛起来。遇到事情的时候，就应该严肃而专一地处理事情，读书时，就应该专心致志地读书。这样做，便自然能够让精神贯注于动静的始终，而没有心不在焉的时候。如今有的学者阐发书中道理，大多是凑合来说，却做不到翔实、周密、灵活、熟练。这种弊病并不是书中本来就有的弊病，而是读书人心里的弊病。因为心思不专一、宁静、纯粹，所以思虑就无法做到精通明白。一定要将内心培养得虚灵、透明、专一、宁静，使得道理从心中自然流出才是最好的。"居敬持志"的意思就是这样的。

辅广回到临安之后,李方子、魏了翁等同志之士前来拜访,并相与论学。魏了翁则受其影响而开始研读朱熹的文集、语录。

第七章　归筑传贻堂

　　从至元《嘉禾志》《宋元学案》等书来看，辅广回到崇德定居，是在嘉定年间（1208—1224），然据上文的考证，则可知辅广本是得罪政府要员，被迫"奉祠而归"，时间是在嘉定元年（1208）六月以后不久。此时的辅广常在崇德漫游，故有一诗一文，被地方志收入。

　　与辅广书信论学的还有朱熹的著名弟子、女婿黄榦，他们二人被后世并称为"黄辅"，黄榦曾掌管崇德石门酒库，从而度过他人生的转折期。辅广在崇德筑"传贻堂"的同时，还担任崇德县学的"主学"，继续授徒讲学，他的学生之中，著名的有董槐、郑寀、朱鹏飞等人。辅氏之学被弟子们广泛传播于浙、闽一带，于是而有"潜庵学派"之称，故《宋元学案》列有《潜庵学案》。

一

　　宋嘉泰元年（1201），辅广回归崇德，筑"传贻堂"作为授业解惑之所。此时的辅广，已入晚年，但他居住的地方，却不是南津乡孝义里的晚村，而是崇德县城（今桐乡市崇福镇）运河东畔，具体则是在县学之西北侧，当是为了在县学讲授的方便。据光绪《石门县志》记载，辅广曾担任崇德县学的主学："尝主崇德学事，以躬行倡率其徒，渊源师友，浸灌良多。"他曾为崇德县学首倡学田之稽查制度，并刻石为凭："学田始于宋。嘉定间，辅广为主学，稽其隐漏，以丰廪饩，后废。"《县志》所附的商逸卿《学田记》说：

> 辅公广为崇德县主学，以其躬行君子者倡率其徒，以其师友渊源者出而浸灌之。谓学田之稽，其隐漏诚不可以已，然亦不可近于擿伏非学之政，盖虑田之仅存者，久复漏澜，当籍其数以防欺，又将有恶其害已而去其籍，遂复勒之石，以期不渝。公可谓知所处而勇于行矣。

宋代的县学，往往缺少专职主管县学学务的官员，北宋徽宗朝以来多由进士出身的县官兼管学务。南宋初年，逐渐有部分县学开始设立"主学"一职，到了宋理宗景定三年（1262）则诏令设置各县学主学，专职主管县学学务。因为辅广之时，县学主学制度尚未完善，故辅广曾任崇德县学之"主学"一事，记载不一。辅广认为学田必须加强稽查，故必须明确记载其数量，以防范欺诈，故决定将学田的具体数量等信息刻石为凭。

辅广将自己的书堂题额为"传贻堂"，于是学者称其为"传贻先生"。"传"者，授也；"贻"者，遗赠于后世子孙，也即取"传之先儒，贻之后学"之意，并以"躬行实践，挽回颓风"为教育宗旨。辅广还祀其师朱熹于书堂之中。由此可知，辅广所创建的"传贻堂",本来就类似于朱熹所创建的沧洲精舍等书院。在宋代,儒者兴建书院,讲授道学,正是宋朝理学发展的重要原因所在。辅广在崇德讲授朱子学时,四方学者慕名前来求学,辅广开创了浙北一带民间讲学的先河。

二

辅广定居崇福镇以后,主要从事教学,偶尔也去周边游览,光绪《石门县志》所收录的《黄降村记》一文,就记载了他某次旅行途中的奇遇,这是辅广唯一存世的一篇散文,非常珍贵,故全文录入,据其文气则分三大段,略作赏析如下:

> 予暇日为澉浦、硖川游,西帆将适鸳湖,未抵石门数里,林木郁然,川隩夷旷,可游目骋怀也,则维舟由曲折登焉。遇番番黄发叟从溪浒杖而出,揖曰:"公意有所适耶,抑将有所讯耶?"予未之答,叟引予袂抵其家憩焉。茗碗熏炉,竹几藤床,悠然水竹居也。室之颜曰"黄降",予讶之。叟戚然曰:"吾祖嵩麓山人,申姓,洛产也。苦北寇噬宋,扈跸而南。此里则秦人之桃源,管宁之辽阳,梅福之吴市也。吾祖迹虽吴而心则洛,故以怀乡之心以名此村,盖胡马北风怀也。"

此段辅广说自己闲暇之日则去澉浦、硖石游玩,这次西行将去嘉兴南湖(鸳鸯湖),还没有到石门镇,就看到"林木郁然,川隩夷旷",林木与河滩之景色自可"游目骋怀",于是下舟登岸。

遇见一位黄发老叟,从小溪边拄杖而出,问他要去哪里,还是要打听什么呢?辅广笑而不答,于是跟着老叟到他家小憩。此处有茶碗有熏炉,有竹几有藤床,正是一个水竹居,且有题额"黄降"。于是辅广问其缘故。老叟略带悲伤地说,他祖上是河南嵩山人,苦于北方辽金侵犯宋朝而不得不南迁,但他祖上"迹虽吴而心则洛",故名其村为"黄降",有所谓"胡马依北风"之怀也。接着看第二段:

> 予叹曰:"悲哉,游子思故乡,汝祖有若思而终于此村侨焉,其风林非宁翼,而眷眷志故塈之鳞者乎?"予询其名村之由,则曰:"吾祖意以嵩中岳、黄中色也,其曰黄降,即嵩岳降神义也。"予闻叟言,得乃祖志,则亦戚焉。《鸿雁》之什,安集怀仁,狐死邱首,不忘所生。盖汝祖之衷,亦汝之戚也。

辅广听老叟之言后颇为感叹,"游子思故乡",老叟的祖上终究还是将此村视为侨居之所,眷眷于故土。又问为何取名"黄降"?老叟回答,嵩山为中岳,而黄色为中色,那么黄降也就是"嵩岳降神"的意思了。在辅广看来,这一意思就如同《诗经·鸿雁》一诗一样,都是"安集怀仁,狐死首丘,不忘所生"的意思了。再看第三段:

> 叟以村之名索记,予曰:"嵩高维岳,作镇中土,四岳盘旋,巀嶪中处,天地之有中岳,犹人之有降衷。色之在岳也为黄中,而人之降衷也为恒性,使居是村者苟黄中是由,而恒性是求,

则申伯之志行焉。其耕者不为尹,渔者不为涓,出者不为稷、卨、申甫,而怡怡蔗境者不为圣世遗民,枸谷之黄耇耶?乃黄降之称名,又恒系于村,而不系诸申氏之裔耶?"叟乃以手加额曰:"命之矣,请书以为此村重。"嵩岳山人讳齐,字克裎,而叟则广其名,怀洛其别号也。

老叟以此村之名,请辅广写一文章,于是辅广将老叟所说的"嵩高维岳,作镇中土"等意思再加以阐明。辅广之所以对老叟之言油然感慨,其实也是系于辅氏家族,也是因为北方战乱而南迁崇德,故其实同病相怜。

这篇文章具体作于何年,已不可考。黄降村在今凤鸣街道合兴村,旧时有黄降桥,俗称"八字桥",就在大运河边,位于崇福、石门两镇之间,正与辅广所记"西帆将适鸳湖,未抵石门数里"相符,这也说明了辅广的居住地是在崇德县城,即今崇福镇。

辅广定居崇德县城以后,曾去城西的观音资福院游览,并写有《题资福院平绿轩》,这是辅广唯一传世的一首诗作,这里录下:

  名区与利垄,羊肠尽攀跻。
  谁能为芳草,四旷成幽栖。
  春风一凭栏,秀色无高低。
  山遥不作障,水近何妨堤。
  只恐金气寒,黄枯变碧萋。
  坐令群目惊,有似七圣迷。

人心无天游，六凿相攘挤。
但于平处观，众有何端倪。
日月互宾送，景物随乖睽。
彼昏如执着，唯君试金篦。

　　这首长诗，其实每四句可作一段，五段则五种境界，层层深入，别有洞天。如第一段，则讲到名与利，如同羊肠小道，然世人竞相攀跻，却无人愿作芳草，自由自在地生长在资福院这处四旷幽栖之地。第二段则描绘资福院的景色，春风来时，秀色高低，远山遥遥，近水悠悠。第三段说的是秋天来时，草木黄枯，令人心惊，其实则是比喻人心之冷暖易变。金气，也即秋气，而七圣，则指黄帝、方明、昌寓、张若、谋朋、昆阍、滑稽。典出《庄子·徐无鬼》："黄帝将见大隗乎具茨之山，方明为御，昌寓骖乘，张若、谋朋前马，昆阍、滑稽后车，至于襄城之野，七圣皆迷，无所问涂。"第四段，再说人心人情，相互攘挤，若退一步看，从齐物的思想来看，千差万别，最终归一。六凿，即指六情，泛指情欲。诗中用的是《庄子·外物》："心无天游，则六凿相攘。"第五段说日月往来，景物更换，看透一切则可放下执着。乖睽，这里指兴替。金篦，代指破除执着。《涅槃经》："以金篦刮其眼膜。"

　　此诗又作《平绿轩》，见至元《嘉禾志》卷三十二《题咏》，另见《宋诗纪事》卷五十五等处。平绿轩，在观音资福院，在崇德县治（今崇福镇）西南一里，南宋时为文人雅集之所，非常著名，题咏甚多。在至元《嘉禾志》中，同时题资福院平绿轩的诗，收录不少，其中有陆德舆、莫若拙、陈炳、蔡开、王

第七章　归筑传贻堂

用亨、江表祖、张敬斋、王益祥、曾揆等人，我们不晓得他们是一时雅集所题，还是各自题写的，亦不晓得辅广与他们之间有没有交往。其中陆德舆与莫若拙的《题资福院平绿轩》如下：

带市人烟远，连村野色幽。
山从天际出，水抱槛前流。
茅屋无端碍，松醪有意留。
因怀陵谷感，无语对沙鸥。

结屋地犹浅，钩帘景尽还。
岚光烟树外，野色酒杯间。
别墅从渠乐，清吟属我闲。
狎鸥时点白，机事不相关。

陆诗有不同版本，至元《嘉禾志》与《宋诗拾遗》中，"水抱槛前流"作"水向槛前流"；"无语对沙鸥"作"无语对归鸥"。陆德舆，字载之，崇德人，嘉定十年（1217）进士，授迪功郎，迁湖州乌程县主簿，历任太学博士、著作郎，知福州、泉州，后官至吏部尚书。莫若拙，字子才，崇德人，淳熙八年（1181）进士，知浦江县。此二诗描绘的是资福院一带的自然风光，由陆诗可知，此处已在郊外，人烟稀少，乡村野色，茅屋松醪，自然可乐。由莫诗可知，诗人在此岚光烟树之间，与友人饮酒赋诗，有清闲而无机事，亦是难得的境界。

三

辅广隐居崇德的时候，朱熹的另一位高足兼女婿黄榦，正在石门酒库任职。辅广与黄榦，都为朱门高足，当时并称"黄辅"："黄称性有善恶，辅称性无善恶，互相发明，时人称之为'黄辅'"。浙西一带，后来成为传播朱子学的重镇，并因此而影响于后世，与他们两人分不开。石门（今桐乡石门镇），也即丰子恺笔下的石门湾，丰子恺故居缘缘堂即在此镇上，当时也属于崇德县。历代地方志都把辅广作为乡贤，把黄榦作为名宦，但从文献记载来看，他们两人的交集似并不多。黄榦到石门镇管理酒务，是在嘉泰二年（1202）至开禧元年（1205）之间，此时的辅广尚在临安，回归崇德则已是嘉定元年（1208），晚了几年，前脚后脚，故两人在崇德一带交集的可能性极小。

黄榦，本为朱熹所选定的继承人。庆元六年（1200）三月，朱熹病重，将所著《礼书》底本托付给黄榦，让他继承自己未完成的理学事业。弥留之际手书与黄榦云："吾道之托在此，吾无憾矣。"其实早在朱熹的竹林精舍建成时，就曾致书黄榦，"它时便可请直卿代即讲学"，即请黄榦代他讲席，已将其当作衣钵传人。嘉定十四年（1221），黄榦完成《朱侍讲行状》，肯定了朱熹的道统地位，为朱子学的弘扬和传播起到了不可替代的作用。可以说，没有黄榦，朱熹的地位便会有所不同，故真德秀称其为"朱门颜曾"，给予他高度的评价，故其传记也被收入《宋史·道学传》当中。

"黄辅"两人师出同门，从黄榦的《勉斋集》看，黄榦应当很早就认识辅广，辅广在临安之时，他们二人间曾有著名的性之善恶辨。辅广本人的书信不可考，《勉斋集》则存有《复辅汉卿主管书》：

> 昨所谕"性无善恶，心有善恶"，榦以为性亦可谓之有恶者，盖因明道"恶亦不可不谓之性"而发。盖天地之间只是个阴阳五行，其理则为健顺五常，贯彻古今，充塞宇宙，舍此之外，别无一物，亦无一物不是此理。以人心言之，未发则无不善，已发则善恶形焉。然原其所以为恶者，亦自此理而发，非是别有个恶，与理不相干也。若别有个恶与理不相干，又却是有性外之物也。
>
> 《易》以阴阳分君子、小人，周子谓"性者，刚柔善恶"，君子、小人不同，而不出于阴阳；善恶不同，而不出于刚柔，盖天下未有性外之物也。人性本善，气质之禀，一昏一明，一偏一正，故有善恶之不同。其明而正者，则发无不善；昏而偏者，则发有善恶，然其所以为恶者，亦自此理而发也，故曰"恶亦不可不谓之性"也。然人性本善，若自一条直路而发，则无不善，故孟子不但言性善，虽才与情，亦皆只谓之善。及其已发，而有善有恶者，气禀不同耳。然其所以为恶者，亦自此理而发，故"恶亦不可不谓之性"。
>
> 孟子所谓"莫非命也"，程子所谓"思虑动作，皆天也"，张子所谓"莫非天也，阳明胜则德性用，阴浊胜则物欲行"，亦是此意。程子曰："论气不论性，不明；论性不论气，不备。"故知性之本善，又知善恶皆性，然后复明且备也，更望垂教。

由此可知,辅广在来信中提出"性无善恶,心有善恶"的观点,这其实是针对程颢"恶亦不可不谓之性"而发的,"性"即"理",属于"未发"故"无不善",那么"已发则善恶形焉",其中的"恶"应当如何看呢?黄榦认为此"恶","亦自此理而发,非是别有个恶,与理不相干也",也就是说"恶"并不在"性"外。接着又以《周易》之中"阴阳分君子、小人"以及"气质之禀""有善恶之不同"来加以阐述,有善有恶"亦自此理而发",故也属于"性","有善有恶者,气禀不同"。最后则提出"命"与"天"之流行,其"气"都有其阴阳,"知性之本善,又知善恶皆性",也即学者应当既论性又论气,才能把握"性"之善恶问题。辅广与黄榦的观点,其中各有所见。朱熹继承张载等人"天命之性"与"气质之性"二分的学说,认为前者"至善无恶",后者"有善有恶"。显然黄榦是坚持朱熹的二分之说的,他在此信中讨论的就是"气质之性"的道理。然而辅广则认为"性"即"未发"故"无善恶","心"即"已发"则"有善有恶",那么"气质之性"等说法,在辅广那里似乎并不被认同了。

黄震《黄氏日抄·分类古今纪要》卷四十《读本朝诸儒理学书八》评论黄榦说:

> 乾、淳之盛,晦庵、南轩、东莱称三先生,独晦庵先生得年最高、讲学最久,尤为集大成。晦庵既没……又独勉斋先生强毅自立,足任负荷。如辅汉卿疑"恶亦不可不谓性";如李公晦疑喜怒哀乐由声色臭味者为人心,由仁义礼智者为道心;如林正卿疑大易本为垂教,而伏羲、文王特借之以卜

箋；如真公刊《近思后语》，先《近思》而后《四书》，先生皆一一辨明不少恕。……凡其于晦庵殁后，讲学精审，不苟如此，岂惟确守其师之说而已哉！

黄震这一评论，正是针对黄榦答复辅广之书信等问题而发。朱熹去世之后，黄榦"强毅自立"，确实在朱门之中"足任负荷"，比如辅广所疑"恶亦不可不谓性"的问题，与李方子所疑"喜怒哀乐由声色臭味者为人心"等，还有真德秀认为读朱熹的书应当"先《近思》而后《四书》"之类的问题，黄榦都是尽力从"确守其师之说"的立场，努力加以辨析，对于朱子学的发展，起到了重要作用。

另外《勉斋集》还有两处提及辅广，并且都尊称其为"丈"，其一为《与李贯之兵部书》，其中主要讨论编刊朱熹语录的事情：

《语录》事，承见谕曲折，初亦深恐削之太甚耳。若只如此，亦无害。又得味道兄整过，可以无憾矣。大抵鄙意以为，此等文字，宁过于详，则刊之为易。若先求其精，则一削之后不可复求，此为可虑耳。……更熟思之。记录之人，真是学者，如子晦丈、汉卿丈之类，绝少再相见。

"李贯之"即李道传，嘉定八年（1215）他在池阳时，将其所收集的廖德明、辅广等三十三位朱熹弟子所记的"语录"，委托给潘时举、叶贺孙加以整理，编为《朱子语录》四十三卷，后人称为"池录"，此本尚有七卷宋刻本存于世，近年已经出版。

在刊行前请黄榦作序,黄榦认为"语录"之刊刻不要"削之太甚","此等文字,宁过于详",不必"先求其精",也就是说尽可能地保存文献,文献之真伪、精粗等将来再作论定。他最后指的"子晦丈"即朱熹弟子廖德明,而"汉卿丈"即辅广。也即黄榦最后特别强调,朱熹语录的各种"记录之人","真是学者"的其实只有廖德明与辅广二人,其他则"绝少"了。由此可知,辅广其人在黄榦心目中的分量。

《勉斋集》另一提及辅广的是《复林自知》,讨论的是"人心据依",也即如何做修养工夫的问题:

> 承下问以"心无据依",顷于石门,与贤者语经旬月,每见记诵甚富,辄以不是见答,似未以鄙见为然,今乃知其"无所据依",此足见高明进德之验。吾道不明且数千年,程、张始开其端,晦庵先生为之大振厥绪。今此书、此语满天下,然"无所据依"之病,岂惟自知为然?
>
> 盖有同堂合席,终日问酬,退而茫然者多矣。仆固不肖,窃诚痛之。孔门之"求仁",孟氏之"求放心",所求何事?颜子之"不违",曾子之"忠恕",所学何义?及其参前倚衡,左右逢源,所见何物?参诸天命之赋予,验诸吾身之禀受,察诸日月之流行,盖有操之甚约、用之甚博,而不可须臾离者。"人心据依",试以是求之,盖有所谓跃如而不能自已者矣。……然师门寂寥,微言将绝,朋友之所望于自知者,则不但若是而已。榦岳祠必可得,自是归老武夷,以卒所学。……汉卿丈归,试商榷之,却以见教也。

第七章　归筑传贻堂

林观过，字自知，号退斋，闽县（今福建福州）人。嘉定十年（1217）进士，后任新昌知县、分差粮料院等职，当时则游学于都城临安一带，由此信可知黄榦任石门酒库之际，林观过前来问学，"语经旬月"，也即至少有十天之多。黄榦认为林观过"记诵甚富"，读书较多，记忆力也不错，故而有以"吾道"寄托"师门寂寥，微言将绝，朋友之所望"。黄榦强调，即使朱熹之书、朱熹之语满天下，但学者依旧会"无所据依"，关键在于将孔门"求仁"等"参诸天命之赋予，验诸吾身之禀受，察诸日月之流行"，也即将书中的道理，落实在自己的言行实践之中，"不可须臾离者"，渐渐就会有"跃如而不能自已者"。最后则特别指出，他自己即将奉祠而归老武夷，而"汉卿丈归，试商榷之"，也就是请还在临安逗留的林观过，将来问学于辅广。具体"汉卿丈归"是指辅广即将归崇德，还是从他处归临安则不可考，不过黄榦当时与辅广依旧常有交流则可确定。

黄榦在石门期间，曾有多首诗作，最初有《嘉兴道间二首》，其中就说："平生事幽贞，足迹不出门。岁晚迫饥寒，暂听媒妁言。"黄榦是为朱熹守丧多年之后，方才接受管石门酒库这一职务的，所以才说自己足迹不出门，然而因为家境贫困，也就不得不接受这一微末的官职。到了石门后，有《石门》二首：

　　吴越天下富，京畿游侠乡。
　　陇亩尽膏腴，第宅皆侯王。
　　世言苏湖熟，沾丐及四方。
　　自我来石门，触目何凄凉？

> 清晨开务门,有酒谁复尝?
> 累累挈妻子,汲汲求糟糠。
> 父老称近年,十载常九荒。
> 聚落成丘墟,少壮争逃亡。

当年的崇德县,乃是临安出来的第一大县,故而有"吴越天下富,京畿游侠乡"之美誉。此地的田地也肥沃,还有许多王侯的宅第,但当年黄榦来石门的时候,正逢大旱,故而他说"触目何凄凉"。作为管理酒库的官员,清晨开门,发现有酒而无人问津,反而是携着幼童的妇人,前来索要糟糠为食,还有老人则说"十载常九荒""少壮争逃亡",可见当时灾祸不断,民生涂炭。黄榦在石门的时候,还作了《甲子语溪闵雨四首》,用以求雨:

> 樯头五两摇空飞,船头百丈牵何迟。
> 数篙塘水清可涉,故乡千里归何时?

> 塘中龙骨高数层,龟坼田中纵复横。
> 青裙箬笠倚车卧,但有空车无水声。

> 牛女盈盈河汉傍,清风肃肃吹罗裳。
> 朱门达旦听歌曲,莫遣浓阴蔽夜凉。

> 老夫年来百不悲,夜听群儿声吾伊。
> 呼儿握手长太息,不见侬家数口饥。

这四首诗对于当年的石门镇的旱灾情形,有着生动的描绘,比如河中船只因为无水而显得高达百丈,塘河里的水则可以直接涉水而过,龙骨水车高达数层却是空车而无水声,然而朱门大户则依旧歌曲达旦,作为小官的黄榦见得那些饥儿们,也只得长叹息了。接着求雨而得雨,黄榦又作了《喜雨用前韵》,也是四首:

莫愁尘土厌天飞,六月栽田未是迟。
待得麦麻收拾后,通宵好雨定知时。

云霓天外起层层,毕月相随彻夜横。
费得天公能几力,数州愁苦变歌声。

睡觉歌声古道傍,有人中夜揽衣裳。
床头斗酒聊自酌,不为书窗一夜凉。

山中书生休浪悲,燮调自有皋与伊。
清香一瓣来天竺,更把民饥作己饥。

此诗原注:"予前两夜,月次昴宿,因与儿辈言,更一两日当离毕则雨,后果然。""离"卦象为"火",故说"离毕则雨",黄榦在前两天就预测到即将下雨。下雨之后,非常欣喜,"六月栽田未是迟"与"数州愁苦变歌声",看着农夫们乘着下雨中夜劳作,一则斗酒自酌,一则"更把民饥作己饥",由这些诗亦可见黄榦对于民生疾苦,一向都是非常关心的。另外,黄榦作为

一名理学家,还作有多首哲理诗,比如著名的《石门酒器五铭》:

磨铭

上动下静象天地,前推后荡象六子。
昼夜运行命不已,精粗纷纶物资始。
君子省身盍顾諟?无小无大亦一理。

醉床铭

责酒清易,责人清难。
智者于酒,可以反观。

陶器铭

一线之漏,足以败酒。
一念之差,得无败所守乎?

烧器铭

厚其耳,广其腹。厚故胜,广故蓄。绵薄任重,祇以覆其㻌。

升铭

凡物之理,不平则鸣,不足则慊,太溢则倾。谁谓剖斗而民不争?

其取也,宁过于嗇;其与也,宁过于盈,是又所以为不平之平乎?

不同的器皿，因其功用而作不同的规箴之铭文，其中富有哲理，使用这些器皿也可以经常诵读而反复思量了。

据《黄文肃公年谱》，黄榦于嘉泰二年（1202）十二月到任，开禧元年（1205）二月离任："嘉泰二年壬戌，八月，得监嘉兴府崇德县石门酒库，待次于家。……冬，赴石门酒库。十二月，到任。""先生石门在任两考零两月。"关于黄榦的政绩，《年谱》中说：

> 石门酒库弊坏为浙西之最。公私宿逋，动以万计，几不可为。先生未及莅职，已预为籴本计。暨至，而米麦之舟已舣于岸下矣。……曩者弊端百出，酒味浇漓。其技止于抑拍户，且严于私酤，虽追绳治，而酒之不行，自若也。先生至，宿弊顿革，酒复醇酽。不行抑卖，罕捕私酤。于是旧户尽复，新课日登。甫一年，而旧额补足。又一年，而尽还上户所贷。

石门酒库多有弊政，黄榦未到任，就已经想好如何籴米而准备酿酒等，还有"酒味浇漓"如何解决，"私酤"如何解决等，也即经过两年多的整治"宿弊顿革，酒复醇酽"，酒库所欠旧额也都补足了，还了上一任的贷款等等。关于酒库小吏，又何必如此认真之类的发问，黄榦的回答则是"孰非公家事"？

> 或谓："是琐琐者，何足以烦君子？"先生笑曰："孰非公家事耶？惟无事不知、无事不能，乃为通材。世之仕者，务为简佚，俨如神明，竟亦何用？"

无论职务是否琐碎，作为君子，只要考虑认真做好公家之事即可，既要能读书，还要能任事，"无事不知、无事不能，乃为通材"，以此要求自己，才能成为一个优秀的士大夫。《年谱》中接着说："嘉泰四年冬，檄权新市、乌青诸库。……有'奔驰两库，竭尽一心'之语。……开禧元年乙丑，浙西三库酒政皆举，部使者遂荐之于朝。"黄榦在《杨信斋书》中说："邻库往来诚劳，亦只得五日一往。甲夜登舟，天明即至，往来不费力，但事颇多，不能不费思虑耳。"黄榦才能卓越，先是被任命兼顾新市、乌镇诸库，于是只能"五日一往"，往往晚上登舟，天明则到一地，虽不算特别辛苦，但事务颇多，费劲思虑，所以他有"奔驰两库，竭尽一心"等话。浙西三库"酒政皆举"，然后被推荐入朝，两浙运判詹徽之的推荐词说："存不矜之心，为有用之学。屈在筦库，未究所长。"确实如黄榦之才，屈居酒库小吏，"未究所长"，下一年改任临川县令，后历知新淦县、汉阳军、安庆府等。石门酒库两年多，正是黄榦人生的转折期，这不仅是因为庆元党禁渐渐过去，还因为他自身角色的转换，从朱熹门人、女婿转而成为一名官员，同时兼任朱子学传播的主持者。

嘉泰四年（1204）三月，辛弃疾被任命为镇江知府，从临安出发途经石门，特地停船上岸，看望黄榦。这一年，辛弃疾六十五岁，黄榦五十三岁，两人刚好差一轮，都属猴。辛弃疾的来访，黄榦《年谱》记载："侍郎辛公弃疾过石门见之，叹曰：是所谓圣贤尝为委吏、乘田者也。"辛弃疾评价黄榦的"委吏、乘田"，是一个典故，语出《孟子》："孔子尝为委吏矣，曰'会计当而已矣'。尝为乘田矣，曰，'牛羊茁壮长而已矣'。"黄榦在石门酒库的政绩，辛弃疾不惜用了孔子的事迹作类比，可见他对黄榦的赞赏。

几天以后，黄榦写了一封信给辛弃疾，开头就说："拜违几舃，十有余年。"可见黄榦与辛弃疾是老相识，而他们交往的缘起则是朱熹。四年之前朱熹去世，辛弃疾伤痛不已，为此写下了一篇最短的悼文："所不朽者，垂万世名；孰谓公死？凛凛犹生！"今日读之，犹能催人泪下，可见交谊之深。辛弃疾途经崇德县，特地在石门登岸看望黄榦，大概也有怀念老友朱熹的意思在，所以他看到黄榦工作出色，竟激动到拉出孔子来做类比，尤见其欣喜之情，因为可以仰天告慰老友了。

黄榦也因其学术影响力，后来在石门出现了专门纪念黄榦的勉斋书院，与纪念辅广的传贻书院，一个在崇福，一个在石门，南北呼应，都在大运河边，成为桐乡大运河文化带上的两颗明珠！黄榦一生热心于讲学，与朱熹一样，积极兴建书院，他创建的书院就有四所，他还在多个任所修葺官学，讲学论道。

勉斋书院，建于明代嘉靖四十二年（1563），在石门镇玄真庙（一名圆真观）西。可惜的是，桐乡历代地方志都没有记载，幸亏有徐师曾《桐乡县石门镇新建勉斋书院碑铭》。徐师曾（1517—1580），字伯鲁，吴江人，嘉靖三十二年（1553）进士，官刑科给事中，著有《周易演义》《礼记集注》《文体明辨》《湖上集》等。《桐乡县石门镇新建勉斋书院碑铭》就收录在《湖上集》中，从这篇文章可见，勉斋书院的倡议者是曾士彦。曾士彦，字环山，广西桂林人，嘉靖四十一年（1562）至四十四年（1565）任桐乡知县。具体主持修建则是曹大节、沈炅，这两位都是石门的贡生。曹大节，字尚忠，官某郡推官；沈炅，字汝明，官嘉定县丞。

当时的石门镇，分属桐乡、崇德两县。勉斋书院，建造在桐属石门，书院建成后，曾士彦、曹大节、沈炅委托皇甫汾，请徐师曾撰写碑文，文章写成后立石于书院大门前。

皇甫汾，吴江人，嘉靖三十七年（1558）举人，皇甫汸的堂弟。吴江皇甫家族，是明代著名的文化世家，其中最著名的是皇甫汸，著有《皇甫司勋集》，诗文成就非常高，当时与王世贞齐名。

从黄榦石门做官，到明代嘉靖年间（1522—1566）建勉斋书院，已经隔了一个元朝。当我们回顾这段历史的时候，不得不佩服文化的力量，这种持续的穿透力，绝不是一个时代所能涵盖的。

四

潜庵学案表

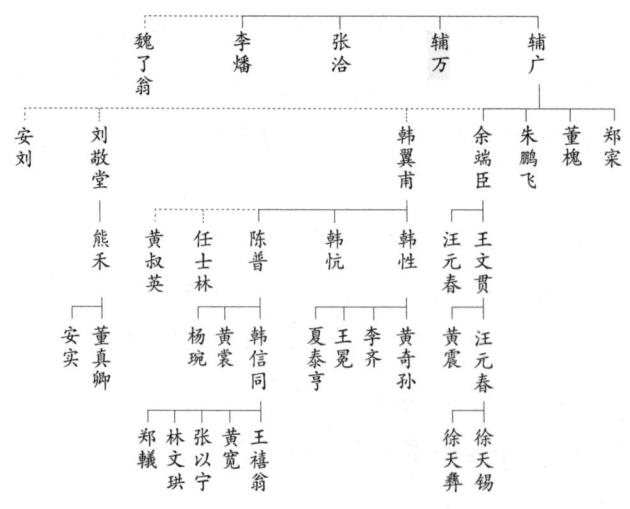

辅广一生，主要从事讲学与著述活动，早年在临安，晚年则在自己家崇德县城的传贻堂教授生徒，四方来学者甚众，他教出来的弟子及其后学，非常厉害。大家熟知写了"吾家洗砚池头树，个个花开淡墨痕"的那个王冕（1287—1359），便是辅广的三传弟子。所以黄宗羲说："於乎！道之行不行，岂以时位哉，何先生之牢落而自远有耀乎？"

《宋元学案》之《潜庵学案》，为黄宗羲原本、黄百家纂辑、全祖望修订，最后还有《宋元学案》的编刊者王梓才的校正。黄宗羲说：

> 先生之学，入闽者，熊勿轩、陈石堂其尤也；入东浙者，韩庄节、黄东发其尤也。逮至明初，而韩古遗及吾族祖黄菊东（吴光主编的《黄宗羲全集》之《辅潜庵传》则作"黄菊泉"），尚接其传。

黄宗羲认为辅广之学传入福建有熊禾（勿轩，1253—1312）与陈普（石堂，1244—1315）；传入浙东有韩性（庄节，1266—1341）、黄震（东发），一直到明代又有韩信同与黄珏。韩信同（1252—1332），字伯循，号古遗，福宁人，乃陈普的弟子。黄珏，字玉合，号菊东，余姚人，也即黄宗羲的族祖，乃韩性的弟子，明代上虞人谢肃（1333—1385）作有《黄菊东墓铭》。黄百家则说：

> 所传之学，蜀则有魏鹤山了翁，闽则有熊勿轩禾、陈石堂普，吾东浙自韩恂斋翼甫传子庄节性，余端臣再传而有黄

文洁震,逮至有明,传其学者不绝。

显然黄百家的说法大体与其父相同,强调韩翼甫（恂斋）与余端臣二人的重要性,另外值得注意的是,他在此处将魏了翁列入了辅广弟子的行列,则与黄宗羲不同。

辅广弟子,有姓名可考者有四位,其中余端臣、朱鹏飞事迹不显,另被列入《潜庵学案》的弟子还有韩翼甫、刘敬堂、安刘三人。安刘,字景周,号东山。鄞县（今浙江宁波）人,早年师从辅广,治《诗经》,淳祐四年（1244）进士,官至淮南东路转运判官等。辅氏弟子最著名的是郑寀、董槐,两人都进入了南宋的权力中心,对宋理宗时期的政局、思想产生过很大的影响。

郑寀（1187—1249）,字载伯,号北山,福安（今属福建）人,宋理宗绍定二年（1229）进士,累官至端明殿学士、同签书枢密院事。他是传贻堂的早期学生,约在嘉定初年受学于辅广,听说辅广为朱门高弟,于是负笈而往。但算是一个比较晚达的人,四十三岁才考中进士。中进士以后,郑寀历任隆兴府（今江西南昌）观察推官、两浙转运使司干、临安府判官等职。淳祐元年（1241）四月,担任秘书监正字。此后短短六年深受宋理宗器重,一直官至端明殿学士、同签书枢密院事,成为副宰相级高官。

郑寀为人刚正,直言不讳,这一点跟他的老师辅广可谓一脉相承。郑寀在秘书监任职的时候,就毫不留情地对宋理宗说："天下之坏极矣……不独当国者（指丞相史嵩之）之罪,亦圣心

第七章 归筑传贻堂

未能无欲而然也。"直接针对皇帝说什么"天下之坏极矣""圣心未能无欲",这不是自寻死路?宋理宗却没有生气,反而说:"郑寀博学老成,颇不诡随。"郑寀在担任校书郎时,剖析了南宋内忧外患的原因,总结成四点:陛下修身之道未备、朝廷之实未著、台谏之公论未伸、疆场之守御未可保。开宗明义又把矛头直接对准皇帝。最后说:"臣恐三百年金瓯之业,坏于今日矣。"宋理宗听了,由此更加器重郑寀。淳祐七年(1247)七月,郑寀官拜端明殿学士、同签书枢密院事,但仅一个月就辞官回乡,两年以后去世。

郑寀的文集今不可得见,他在学术思想上的特点,难以考知。但读他的奏疏,大致可以感受到,郑寀为学主于一个"刚"字,并指出当时的政治不及仁宗,原因是"未能立刚健之体以行充周之用"。刚,是儒家非常重视的概念,这在《礼记》的《儒行》中有集中的论述。郑寀在召试馆职时的对策中就说:"道即是仁也,仁即心也,刚健不息,其体也,充周不息,其用也。"在秘书监任职时,郑寀又说:"危亡之证不可有,危亡之忧不可无,陛下于大臣非不知忧也,未得为真忧也。何谓真忧?在乎心之刚而已。子曰'枨也欲,焉得刚',盖有欲则不刚,唯刚不屈于欲。"由此可见郑寀论学之旨,"刚"即是一大特色,刚能制欲,有欲则不刚,唯刚不屈于欲。朱子学天理、人欲相对,"天理"在郑寀这里即是"刚",即理即刚,表述不同,其理一也。

董槐(?—1262),字庭植,号矩堂,濠州定远(今属安徽)人,嘉定六年(1213)进士,官至右丞相兼枢密使,封许国公,卒谥"文清"。他是辅广弟子中官位最高的一位。先拜师永嘉叶雍,后听说辅广是朱熹门人，约在嘉定初年投于辅广门下。董槐考中进士后，历知江州、主管江西安抚司公事等，官场浮沉四十二年。宝祐二年（1254）宋理宗下诏："腹心之臣，所与共理天下者也，宜在朝廷，不宜在四方。"下一年即官至右丞相兼枢密使，位极人臣。可惜第二年因弹劾丁大全而受奸邪排挤，被罢免了。董槐在南宋政坛上，立身四十多年，《宋史》说他"言事无所隐，意在于格君心之非，而不为容悦"，始终直言不讳，且经常针对皇帝提出不同意见，这一点跟他的同门郑宷一样。董槐退休六年以后，景定三年（1262）五月二十八日晚，狂风暴雨，他为学生讲了《周易》中的《兑》《谦》二卦后问：什么时候了？学生答：刚好子时中。董槐听了，闭目端坐而逝。

董槐在学术史上则关系一桩大公案，常被后世学者提及，那就是《大学》错简问题。《大学》本是《礼记》中的一篇，但到了宋朝，备受推崇，朱熹为之作了章句，与《中庸》《论语》《孟子》并称"四书"。朱熹注解《大学》时把《大学》分为经、传两部分，所谓"右经一章，盖孔子之言，而曾子述之。其传十章，则曾子之意而门人述之也"。同时又认为《大学》有错简，重新调整了次序，比如"子曰听讼吾犹人也，必也使无讼乎"一段本在"与国人交，止于信"之下，朱熹把这一段放在了后面，作为传的第四章。重新调整后的《大学》其第五章只有"此谓知本，此谓知之至也"十个字，没头没脑，所以朱熹说这段本来是"释格物致知之义，而今亡矣"，认为是古本《大学》的阙文，因此特意补充了一个传进去，用来解释"格物致知"的问题，这个传写得特别精彩。从朱熹开始，《大学》的经传问题、错简问题、阙文问题,就成了中国学术史上争论不休的大问题,甚至可以说,王阳明的学说,亦是由这三个问题而产生的。

董槐是朱熹的再传弟子,但颇有创新精神,不泥师说。朱熹对《大学》次序的重新调整,很多人有不同看法,董槐就是其中的代表。董槐把"知止而后有定"两节移到"听讼"一节之前,认为这就是"格物致知"的传文。他的改动实际上否定了朱熹"格物致知"的补传,因此得到后世反朱熹派的认同,钱大昕《读大学》所谓"最为后人所称"是也,这个"后人"指的是反朱学的群体。董槐的改动,是非且不论,但这一举动的本身,却是一种追求真理的勇气,不禁让人想起亚里士多德的名言:吾爱吾师,吾更爱真理!

余端臣,字正君,学者称讷庵先生,鄞县(今浙江宁波)人。约在太学之时受学于辅广,后以经学教授乡里,著名弟子有王文贯、汪元春二人。王文贯,字贯道,鄞县人,登进士第,教授真州,除宗学谕,从学数百人,其重要弟子即黄震。汪元春,字景新,奉化人,受《诗》学于王文贯。黄震(1213—1280),字东发,慈溪人,著有《黄氏日钞》,为"东发学派"创始人,《宋元学案》列有《东发学案》。黄震曾为余端臣的夫人作《余夫人墓志铭》,其中说:"庆元府旧有讷庵先生余君,以经学教授闾里,从之者数百人,后多出为名卿才士。余生也晚,犹幸得师其门人宗学谕王公贯道,因亦得窃闻先生绪论。"因此余端臣上继辅广接续朱熹,下开王文贯至黄震,成为四明朱子学传承的中间人物。侯外庐等人也说,因黄震是朱熹门下而兼学于吕祖谦的辅广的再传,故而与婺学有渊源,颇重史学。汪元春则有弟子徐天锡、徐天彝等。徐天锡，字禹圭，其先奉化人，迁居鄞县；徐天彝，字禹畴，徐天锡之弟。

朱鹏飞，字行裕，崇德人。受业于辅广，宋理宗淳祐十一年（1251），知县黄元直主编《语溪志》，朱鹏飞为主要编撰者，是为桐乡历史上第一部县志。宝祐元年（1253）进士，后任高邮教授。

韩翼甫，号恂斋，会稽（今浙江绍兴）人，官朝奉郎、大理寺主簿。约在临安时曾受学于辅广，通《四书》，有《字义》一书，已亡佚。韩翼甫宋元之际返回浙东，以讲学为生。其子韩性、侄韩忱以及陈普、任士林、黄叔英等人受学。任士林，字叔实，奉化人。黄叔英，字彦闻，慈溪人。韩性，字明善，入元不仕，著有《礼记说》《诗音释》《书辨疑》以及《庄节先生集》。韩性的弟子则有黄奇孙、李齐、夏泰亨以及王冕等。黄奇孙，字行素，新昌人，入元不仕。李齐，字公平，广平人，元统初进士，知高邮府。夏泰亨，会稽人。王冕，字元章，诸暨人，家贫却喜读书，韩性闻而异之录为弟子，遂为通儒，又是著名画家、诗人。

将辅广之学传入福建的则有陈普。陈普，字尚德，号惧斋，世称石堂先生，宁德人。据《宋元学案》记载，陈普闻韩翼甫倡道浙东，"负笈走会稽从之游""聆韩先生夜旦诵《四书》如奏《九韶》令人不知肉味"。陈普入元后也隐居讲学，从学者数百人。其中著名的如韩信同、黄裳、杨琬。黄裳，字彦山。杨琬，字白圭，建阳人。韩信同的弟子则有王禧翁、黄宽、张以宁、林文琪、郑辕等。王禧翁，字马山，师从韩信同，且为其婿。黄宽，字洵饶，福鼎人。张以宁，字志道，古田人。林文琪，字仲恭，三山人。郑轙，字子乘，霞浦人。

另有刘敬堂弟子熊禾，也将辅广之学传入福建。有传记说熊禾从游于辅广，按年龄则不合，《宋元学案》说受学于刘敬堂则较为合理。熊禾，字位辛、去非，号勿轩，晚号退斋，建阳人，咸淳十年（1274）进士，曾任汀州司户参军，多具政绩。入元后重建鳌峰书院，隐居乡里讲学著述，与韩翼甫、陈普一样，都有着刚烈的气节。熊禾在元代生活了三十三年，始终以宋遗民的面目出现，自诩"宋之义士元之顽民"。熊禾有弟子董真卿、安实等。董真卿，字季真，鄱阳人，著有《周易会通》。安实，字子仁，崇安人。

辅广晚年在崇德县城筑传贻堂，讲学受徒。

第八章　著述为己任

辅广一生著述宏富，除了上文已提及的单篇诗文，以及记录、编辑的《晦庵先生语录》《朱子读书法》二书之外，他本人还著有《诗童子问》《四书答问》，以及《五经集解》《通鉴集义》《日新录》《师训篇》等书。《四书答问》实际成稿仅《论语答问》《孟子答问》两种，又作《论孟童子问》，《学庸答问》为未定残稿。另有说辅广有《六经集解》《五经注释》，当与《五经集解》为同一书；至于《尚书注》或《尚书集解》，也当为《五经集解》之一部分。《通鉴集义》又作《通鉴集说》，《日新录》又作《潜庵新录》。《师训篇》又作《诗训篇》，疑即辅广所记朱熹语录。可惜辅氏著述，除《诗童子问》之外，原书均已亡佚；所幸今人又辑得《论语答问》《孟子答问》以及《礼记解》三种。

一

全祖望在《潜庵学案序录》中说："庆源辅氏，亦沧洲之最也。遗书散佚，世所葺《语溪宗辅录》者，特其糟粕。述《潜庵学案》。"在他看来，辅广是朱熹晚年沧洲精舍讲学时期门人之最，然而辅广的著作散佚较多，曾有乡人编辑的《语溪宗辅录》

则收集的语录杂乱，故而说"特其糟粕"，因此才要特立《潜庵学案》。另外还说："朱门弟子，潜庵其眉目也。然其遗书，今惟《诗童子问》尚传，而余皆未见。语溪人有《宗辅录》一编，所集潜庵之语，皆浮浅无甚精意，盖出于庸人之手也。惜哉！今采其精者，仅一十二条而已。"也就说是，全祖望认为明代胡其久所编的《语溪宗辅录》"特其糟粕"，所集辅广之语录"皆浮浅无甚精意"。若是说胡其久的学养不高自然可以，然将之武断为"庸人"则也太过了。

据检索考辨，《宗辅录》的语录，大多来自辅广所著的《论语答问》与《孟子答问》，虽说采集并不精良，但也还值得玩味。比如其中两条说：

理义之心，人所固有，虽易发而亦易窒，故须力充之。
狂者于知上所得分数多，狷者于行上所得分数多。

前一条说人心之中必然包括了"理义之心"，当是与容易受外在影响的"气质之心"相对而言，然而"理义之心"也是"易发而亦易窒"，也即既容易发明又容易窒碍，所以必须努力加以扩充。后一条说到了狂者与狷者的差异，认为狂者在"知"上有较多成就，而狷者则在"行"上有较多成就，孔子说"狂者进取，狷者有所不为"，二者都非"中行"，有进取之心者大多知识多、思虑多，有所不为者大多对于行动、实践比较谨慎。另外《宗辅录》还有两条说：

伊尹惟其任底意思在，故未能与天为一，而不得为圣之时者。孔子曰:"吾其为东周乎!"多少含蓄。

　　杨氏资质偏于刚毅,墨氏资质偏于宽厚,只缘不知至理所在,流于一偏。

这两条评论人物,伊尹为"圣之任者",其长处为勇于任事,然而不论时世如何都勇于任事则"未能与天为一",故做不到孔子"圣之时者"。孔子的理想为东周之治,也只有东周之治,像孔子那样的人才能发挥作用。再说杨朱与墨子,他们的资质也有偏向,一在刚毅,一在宽厚,都不是"至理所在"。所以辅广在评论人物的时候,把握其为何"流于一偏",从而为更好的修养功夫,提供了正确的指引方向。

《宋元学案》还引了陈本堂《敏求斋记》说:

　　潜庵辅先生谓生而知之者义理,好古敏求者事实,理与事一贯,知与行相资,但恐求非所求,差毫厘缪千里,其机甚危,故欲学夫子之敏求,当学孟子之求放心始。

辅广此条说法与"理义之心,人所固有"条相似,人心都能发明义理,然而要养成"好古敏求"的态度则颇不容易,这也就是"理与事一贯,知与行相资"。事实上,辅广更看重"行",也就是孔子所说的"敏求",孟子所说的"求放心",但在"求"之前也当明理,否则就会"差毫厘缪千里"。此外,还有王梓才《宋元学案补遗》一书有一条按语,提及"此辅先生论胡季随湖南答问语。朱子以为此说甚善",也即朱熹《答胡季随》第十三书中有一大段引述辅广之语录。

二

辅广一生著作很多,但大多失传了,据辅广之嗣孙辅政在《诗童子问》武冈本序中说:

> 先大父传贻先生所著《朱子四书诗传通鉴纲目童子问》,《论》《孟》《诗》为成书,《大学》《中庸》《通鉴》犹未脱稿。《论孟童子问》既经表进,有先君武冈初刊本,又有鲁斋陆公三山再刊本,二书固已家传人诵。《诗传童子问》,学者则未之见也。鲁斋尝谓:"自有《集注》而《论》《孟》之义显,逮《童子问》之出,于是《集注》之义大彰矣。"之望亦曰:"《诗传》之于《诗童子问》,亦然。"传贻手笔,每章之下有缺文焉,意者亦欲如《论孟童子问》,先载师说,而以己意附于后。参以勉斋《通释》,亦然。用敢质诸当世名公大卿,以求是正,俾此书获与朱子之传并行于世,不胜斯文之幸云。咸淳七年辛未七月旦日,嗣孙之望谨识。

由此可知,辅广的系列都称之"童子问",且都以朱熹著作为对象的"答问",故完整的书名当为"朱子《诗集传》答童子问",与"朱子《四书章句集注》答童子问"之类。《论孟童子问》《诗传童子问》已经成书,《大学》《中庸》以及《通鉴纲目》三种的"童子问"都还未完稿,也就是说上文提及的《学庸答问》与《通鉴集义》二书其实只是半成品。《论孟童子问》(《论孟答问》)有辅广之子辅大章的武冈刻本以及"三山再刊本",然《诗传童子问》却还未有刊本,为了方便后学理解朱熹《诗集传》,故辅政认为辅广此书很有必要刊行,故于咸淳七年(1271)在武冈刊刻了。《诗童子问》后世的版本众多,然有两个系统,在现存的重要版本之中,二十卷本系统为元至正三年(1343)建安余志安勤有堂本,溯其源则为元代胡一中的整理本;十卷本系统则为汲古阁本,后被收入《四库全书》。二十卷本其实是将朱熹《诗集传》和《诗童子问》合刊而成,故十卷本更接近辅广的原本。

《诗童子问》十卷,或作八卷,以及首一卷、末一卷。具体而言,该书卷首包括四部分:一为《诗传纲领》,正文为朱熹《诗集传》卷首辨说《大序》的文字,朱熹原本备录《诗·大序》,又选《尚书》《周礼》《论语》《孟子》及二程、张载、谢良佐等人论《诗序》的文字并加以辨说,辅广则对朱熹的辨说进行疏证;二为《小序》,备录《诗·小序》又结合朱熹的相关辨说进行疏证;三为《朱子辨说》,则对朱熹的著作《诗序辨说》进行简要陈述;四为《师友粹言》,又分七个部分,即读诗法、论乐出乎诗、论韵、雅论、论大序、论小序、论六义,选了《朱子语类》论《诗经》部分语录。卷一至卷八为辅广结合《诗集传》而对《诗经》各篇的疏证。卷末为《协韵考异》。

这部书的特点是什么?《四库全书总目提要》做过一个言简意赅的总结:"是编大旨主于羽翼《诗集传》,以述平日闻于朱子之说,故曰'童子问'。"元代胡一中为其所刊刻的《诗童子问》所作的序,则做了较为细致的解说:

《诗童子问》者,潜庵辅传贻先生所著,羽翼朱子之《集传》者也。自三百五篇,穿凿于《小序》,傅会于诸儒,六义之不明久矣,至朱子一正圣人之经,微词奥旨,昭若日星。先生亲炙朱子之门,深造自得于问答之际,尊其师说,退然弗敢自专,故谦之曰"童子问"。既具载《师友粹言》于前,复备论《诗序》辩说于后,俾读《诗》者优柔圣经贤传之趣,而鼓舞鸢飞鱼跃之天,岂不大有功于彝伦也哉!

《诗童子问》的特点,所谓"羽翼朱子"的《诗集传》,也就明确此书不在发明,而在述而不作。倘若把《诗集传》比作"教科书",那么,《诗童子问》就是一部相辅相成的"教辅书"。教辅书要以教科书为基础,读《诗童子问》是不能脱离《诗集传》的,否则便会不知所云。换言之,《诗集传》重在朱熹之"注",而《诗童子问》则重在辅广如何对朱熹之"注"再加以"疏证","注"与"疏"必须相辅相成。所以《诗童子问》有些版本就如《四库提要》所说:"载《诗集传》于上,《童子问》于下。"因此,某些说是辅广《诗童子问》的特点,实际上就是在说朱熹《诗集传》的特点。胡一中认为朱熹《诗集传》最关键的就是打破穿凿傅会的《诗小序》,而辅广则亲炙于朱熹,然后进一步辨说《诗》与《序》相关的问题,使得读《诗经》更有一种"鸢飞鱼跃"的自由之感。至于为什么取名"童子问",则表明"尊其师说""弗敢自专"。后世对此书的推崇,也就是因其羽翼朱熹、阐发师说。元代朱公迁《自序诗传疏义》说:"诸家自立异者不论,惟辅氏羽翼传说,条理通畅,甚有赖焉。"清代周中孚《郑堂读书记》

也指出:"潜庵受学于朱子,故专主阐发师说,其攻击《小序》,较朱子更甚,所谓变本加厉也。"

《诗集传》是朱熹的重要著作,影响于中国文化甚巨,《诗童子问》是为补充、阐发《诗集传》而作。作为朱熹的重要弟子,辅广对朱熹《诗经》学的思想,是非常了解的。《诗童子问》恪守师说,一部《诗集传》,大到诗旨,小到一个字的训诂,朱熹为什么这样解释?辅广都做了一些补充说明,对读者进一步了解朱熹的《诗经》学,很有帮助。

辅广恪守师说,因此,要了解《诗童子问》,要先了解一下朱熹的《诗经》学。朱熹《诗经》学的最大特色,便是提倡"以《诗》说《诗》",反对"以《序》解《诗》"。他认为,《诗序》作而观诗者不知诗意。所以要"尽去小序,便自可通",故《诗集传》就是这样做的。

那么,《诗序》到底是什么呢?这里简单说一下。《诗经》有《大序》《小序》,《大序》是一篇总结整部《诗经》思想的文章,我们熟知的"诗者,志之所之也,在心为志,发言为诗",就是《大序》里的话。《小序》是解释诗旨的概述性文字,每一首诗前都有,大抵从历史、政治、道德、伦理等角度解释《诗经》,比如:

> 《关雎》,后妃之德也。
> 《葛覃》,后妃之本也。
> 《卷耳》,后妃之志也。
> 《有女同车》,刺忽(郑公子忽)也。
> 《山有扶苏》,刺忽也。

《宛丘》，刺幽公也。

通行的说法，《大序》是孔子的弟子子夏写的，《小序》是子夏、毛公合写的。从汉至唐，按照《诗序》解释《诗经》，是《诗经》学的一大主流。宋朝开始，渐有学者提出异议，或者反对，朱熹便是最突出的代表。他认为："《诗大序》亦只是后人作，其间有病句；《小序》大无义理，皆是后人杜撰、先后增益凑合而成。"《诗小序》全不可信。当然，朱熹并非全面推翻《小序》，比如他又说："诗序亦有一二有凭据，如《清人》《硕人》《载驰》诸诗是也。"因为这几首诗，《小序》的解释，都来自《左传》，并非杜撰，对于有文献依据的《小序》，朱熹并不反对。

因此，朱熹作《诗集传》，摒弃了大小序，以《诗》说《诗》，尽力探究、还原《诗经》的本义，为《诗经》学开一新境界，开创了从"以《序》解《诗》"到"以《诗》说《诗》"的新格局，可以这样说，后来方玉润的《诗经原始》，程俊英的《诗经注析》等，尽管对《诗经》的解释有所不同，但都是朱熹"以《诗》说《诗》"的延续。

朱熹这种冲决网罗的气魄，不是一般人能办到的，须知他同时代的学者，大多还是沿袭《诗序》解《诗经》的，他自己也曾说，年轻时对《诗序》提出异议，就受到了诸老先生的否定。又如朱熹的好友吕祖谦，他的《吕氏书塾读诗记》就是遵守《诗序》写的，因此朱熹就说："东莱《诗记》却编得仔细，只是大本已失了。"同样，辅广的《诗童子问》也对吕祖谦的《读诗记》提出批评，尽管吕祖谦也是他的老师。

第八章　著述为己任

我们今天把朱熹对《诗经》的"注",以及辅广对朱熹的"疏证",再跟《小序》做一个对比,就能明显看出其中的通达。选取其中十首诗之"答童子问",作为例子。其一《周南·卷耳》:

采采卷耳,不盈顷筐。嗟我怀人,置彼周行。
陟彼崔嵬,我马虺隤。我姑酌彼金罍,维以不永怀。
陟彼高冈,我马玄黄。我姑酌彼兕觥,维以不永伤。
陟彼砠矣,我马瘏矣。我仆痡矣,云何吁矣。

小序说:"《卷耳》,后妃之志也,又当辅佐君子,求贤审官,知臣下之勤劳,内有进贤之志,而无险诐私谒之心,朝夕思念,至于忧勤也。"按小序的解释,这首诗里的女主(后妃),是在为国家前途、选拔人才而忧思,重在"志"。再看朱熹的解释:"后妃以君子不在而思念之,故赋此诗。"重在"思"。很简单,虽然还沿用"后妃""君子"的传统说法,但在诗旨的理解上,已完全不同于传统,他看到了诗里的人情、诗里的爱情,一个女人在思念自己的男人,根本就没有什么"当辅佐君子""有进贤之心"的意思。《诗集传》言简意赅,只说这是一首女人思念男人的诗。那么,朱熹为什么要反对小序,提出这样的新说?《诗集传》没有说,辅广做了补充:

刘氏亦尝疑后妃本不与外事,假令思念进贤为社稷计,亦何至朝夕忧勤也?先生谓其辞亲昵,非后妃之所得施于使臣者,尤为明白易知,而先儒为《序》说拘牵,都不之觉,甚则又为之穿凿以附合之,此先生之所由叹也!

针对《小序》的说法,辅广举了两个证据,一个是刘氏的说法,假设诗中的女主真的是为了社稷,何至于忧愁到这种地步?还有一个是朱熹的说法,认为《卷耳》的句子,比如"嗟我怀人"之类亲昵之辞,明显是后妃思念自己丈夫的情话,怎么能够说是后妃在思念臣下呢?这样的解释,通达人情,比《毛诗序》高明多了。

即此一端,我们便可以知道辅广《诗童子问》的大旨,确实如《四库全书提要》所说的"羽翼《诗集传》"。辅广恪守师说,并为之补充说明,知其然知其所以然,有助于我们更好地理解《诗集传》。

朱熹对《诗经》的解释,基于人情,以《诗》还《诗》,一部《诗经》便活了。其二,《郑风·子衿》:

青青子衿,悠悠我心。纵我不往,子宁不嗣音?
青青子佩,悠悠我思。纵我不往,子宁不来?
挑兮达兮,在城阙兮。一日不见,如三月兮。

《小序》说:"《子衿》,刺学校废也,乱世则学校不修焉。"朱熹就说"此亦淫奔之诗",他看到的是男女之情,开启了后世以此为"爱情诗"的先河。辅广进一步补充说:

教者,固欲学者之来学也,然彼方挑达于城中,而教之者乃一日不见如三月之久,无亦情文不太协乎?先生于《子衿》

之诗,则以其辞之僛薄,而断以为不可施之于学校。

辅广的先生朱熹,为什么说《子衿》指的是男女,而不是教育?辅广解释说,乃是因为这首诗的文辞轻薄。从诗歌本身来看,实在看不出是讽刺学校荒废的意思,不知汉儒是如何看出来的?一部《诗经》,"一日不见如三月"之类,出现多次,都是男女相思之辞,所以朱熹说《子衿》是"淫奔之诗",平心静气,看到了其中的男女之情,不再依傍古人,完全用自己的体悟来解释诗旨,为《诗经》阐释史开辟新境界。说《子衿》是"刺学校废",与这首诗透露出的情感完全不相应,所以辅广说:"无亦情文太不协乎?"其三,《陈风·月出》:

> 月出皎兮,佼人僚兮,舒窈纠兮,劳心悄兮。
> 月出皓兮,佼人懰兮,舒忧受兮,劳心慅兮。
> 月出照兮,佼人燎兮,舒夭绍兮,劳心惨兮。

此诗特别优美,令人动情。但《小序》却说:《月出》,刺好色也,在位不好德而悦美色焉。这是讽刺在位者好色。朱熹反对,提出新说:"此亦男女相悦而相念之辞。"这分明就是爱情诗,哪来什么讽刺,说得多好!因此,有个学生读了《诗集传》,感叹说《诗经》原来与现世人情相通,朱熹便说:"须是别换过天地,方换一样人情,天地无终穷,人情安得有异?"辅广则说:

> 窈纠、忧受、夭绍,皆方言,不可深解。大抵是人心忧

思牢结而难解之意,然有浅深,至于纠系,则甚矣。

《月出》一诗,朱熹说是"男女相悦而相念之辞",可谓定论。诗分三章,其中出现窈纠、忧受、夭绍三个词汇:"窈,幽远也,纠,愁结也;忧受,忧思也;夭绍,纠紧之意。"辅广根据朱熹的注释,进一步说,这三个词是《诗经》时代的"方言",不可深解,这是比较高明的。其实,他已经隐约感觉到这三个词是联绵词,不能拆开来解释,跟朱熹已有所不同。其四,《卫风·伯兮》:

> 伯兮揭兮,邦之桀兮。伯也执殳,为王前驱。
> 自伯之东,首如飞蓬。岂无膏沐,谁适为容。
> 其雨其雨,杲杲出日。愿言思伯,甘心首疾。
> 焉得谖草,言树之背。愿言思伯,使我心痗。

《毛诗序》说:《伯兮》,刺时也,言君子行役,为王前驱,过时而不反焉。东汉的郑玄引用《左传》进一步解释:卫宣公之时,蔡人、卫人、陈人从王伐郑伯也,为王前驱,久,故家人思之。朱熹说作序的人:"似未识其文意。"辅广又批评道:

> 此亦见作序者傅会史传之一失,《诗》言"为王前驱"者,惜其用之不得其所,而《序》引之,则但见其独劳之意,故先生以为似未识其文意如此。

确实,从诗的文本来看,这就是女子思远之辞,所谓"刺时""卫宣公之时"云云，显属附会，与文意不合，朱熹在解释《诗经》时，特别重视文义，绝不过度索解，无中生有。其五《王风·采葛》：

> 彼采葛兮，一日不见，如三月兮。
> 彼采萧兮，一日不见，如三秋兮。
> 彼采艾兮，一日不见，如三岁兮。

《采葛》，一唱三叹，文辞简约。朱熹《诗集传》说："淫奔者托以行也，故因以指其人而言，思念之深，未久而似久也。"古人所谓"淫奔"，其实即自由恋爱。朱熹认为《采葛》诗是男女相思之辞，诗中反复说"一日不见"如三月、三秋、三岁，其实是人的情感在时间上的一种投射，即朱熹所谓"思念之深，未久而似久"。这样一首美好的爱情诗，《毛诗序》却说是："《采葛》，惧谗也。"我们读这首诗，实在看不出诗人是在惧怕谗言的意思，所以辅广从文本出发，一票否决：

> 《序》与《诗》全不相似。采葛、采萧、采艾，其为托言，明矣。至于思念之情流而不止如此，则以为淫奔之辞者，宜矣。

诗旨与惧谗完全无关，进一步肯定朱熹之说。其六《郑风·有女同车》：

> 有女同车，颜如舜华。将翱将翔，佩玉琼琚。彼美孟姜，洵美且都。

有女同行，颜如舜英。将翱将翔，佩玉将将。彼美孟姜，德音不忘。

公子忽，郑庄公长子。公元前706年，北戎侵略齐国，公子忽率军解围，齐僖公想把女儿嫁给他，被他婉拒。公元前701年，郑庄公去世，公子忽即位，是为郑昭公，不久郑国发生政变，郑昭公流亡卫国。《毛诗序》说："《有女同车》，刺忽也。郑人刺忽之不昏（婚）于齐。太子忽尝有功于齐，齐侯请妻之。齐女贤而不取，卒以无大国之助，至于见逐，故国人刺之。"这是以史解诗，但诗歌本身并看不出作者有这个意思。所以朱熹不赞同，认为《有女同车》可能"亦淫奔之诗，言所与同车之女，其美如此"，这是符合文义的。辅广说：

夫为善有名而无情，遂至于无助而失国，则固亦可悯，至以为国人刺之，则亦非人情矣。况是《诗》但称道孟姜之美而已，初不及忽之事，则何以知其然也？

辅广基于朱熹之说，从两个方面为老师补充说明。第一，公子忽一生遭际已经够可怜了，《毛诗序》还说《有女同车》是在"刺忽"，不近人情。第二，这首诗着重在赞美孟姜，根本没有提及公子忽，哪里有什么讽刺的意思？接下来的四首，辅广将之看作一个系列，值得特别注意。其七《陈风·宛丘》：

子之汤兮，宛丘之上兮。洵有情兮，而无望兮。

第八章　著述为己任

> 坎其击鼓，宛丘之下。无冬无夏，值其鹭羽。
> 坎其击缶，宛丘之道。无冬无夏，值其鹭翿。

《毛诗序》说《宛丘》是"刺幽公"，批评陈幽公游荡无度，以致国家混乱。朱熹认为这是一首批评游荡者的诗，并非特指陈幽公。辅广从朱熹之说出发，进一步阐发了儒家修身之要：

> 一章，游荡以为乐，情也。威仪之可望，礼也。溺于情者，必不足于礼，故诗人讥之曰："洵有情兮，而无望兮。"其讽切之者深矣。后两章，但再述其事，以见其游荡之无时耳。寒暑而不休，则无时而止矣。乐，固人之所喜也，然必一张一弛，时出而用之，然后可以和悦其心志，舒散其气血。傥作乐无时，则适足以陷溺心耳，果何意味邪？

辅广认为"乐，固人之所喜"，但反对"作乐无时"。情礼相称，张弛有度，才能"和悦心志，舒散其气血"。通过《诗经》以阐发儒家修身之道，是朱熹、辅广《诗经》学的一大特色，《诗童子问》对这首诗的解说，就是一个典型的例子。其八《陈风·东门之枌》：

> 东门之枌，宛丘之栩。子仲之子，婆娑其下。
> 谷旦于差，南方之原。不绩其麻，市也婆娑。
> 谷旦于逝，越以鬷迈。视尔如荍，贻我握椒。

《毛诗序》说此诗为"幽公荒乱，风化之所行，男女弃其旧业，

讴会于道路，歌舞于市井"。朱熹《诗集传》说："此男女聚会歌舞而赋其事以相乐也。"前者持批评态度，后者比较中性。辅广则指出：

> 三章，夫民劳则思，思则善心生；逸则淫，淫则忘善，忘善则恶心生，理势之必然也。陈国之地广平，又以大姬之化，故其俗游荡无度，已见于《宛丘》之诗，其逸甚矣。故继以《东门之枌》，男女聚会歌舞，妇人弃其所业，相与慕悦，各有所赠，以交情好，动其淫欲者，亦其势之必然也。好乐不已，则使人气荡而志昏，此淫乱之所自起也。又曰："男女杂处而无间，淫乱必生。"

此处辅广则融合了两家之说，认为这首诗虽然写的是男女聚会相乐，但倘若"好乐无已"，没有节制，势必会引起气荡志昏，风俗淫乱。所以他认为《东门之枌》与《宛丘》是一脉相承的。其九《陈风·东门之池》：

> 东门之池，可以沤麻。彼美淑姬，可与晤歌。
> 东门之池，可以沤纻。彼美淑姬，可与晤语。
> 东门之池，可以沤菅。彼美淑姬，可与晤言。

《毛诗序》说《东门之池》是"疾其君之淫昏，而思贤女以配君子"，从政治立说。朱熹从人情入手，认为这首诗就是"男女会遇之辞"。辅广有自己的分析：

第八章 著述为己任

三章,《序》以诗中"淑姬"二字,故生其说,正如《静女》之诗由"静女"二字而生说也。殊不知彼美淑姬云者,乃男悦女之辞,彼自以为美,自以为淑耳,非真有贤淑之德也。

《静女》出《诗经·邶风》,《毛诗序》说:"《静女》,刺时也,卫君无道,夫人无德。"《毛诗序》为什么会说《东门之池》是"思贤女以配君子"?辅广认为之所以形成这种解释,是因为《毛诗序》误读了诗中的"淑姬"一词,把它解释为"贤女",这是不对的。其实,这里的"淑姬",是男子对自己所爱女子的一种称呼,所谓"彼自以为美,自以为淑耳,非真有贤淑之德也",从而论证了朱熹"男女会遇之辞"这个论断的准确。其十《陈风·东门之杨》:

东门之杨,其叶牂牂。昏以为期,明星煌煌。
东门之杨,其叶肺肺。昏以为期,明星晢晢。

《毛诗序》说此诗写的是:"婚姻失时,男女多违,亲迎女犹有不至者也。"人与人之间失去了信用,所以到了结婚亲迎之时,还有逃婚的女子。但我们读这首诗,实在看不出是逃婚的样子。朱熹的解释很接地气,他反对《毛诗序》,认为这是"男女期会而有负约不至者,故因其所见以起兴也",写的是约会中的一方负约,而不是逃婚,正如宋词里的"去年元夜时,花市灯如昼。月上柳梢头,人约黄昏后。今年元夜时,月与灯依旧。不见去年人,泪湿春衫袖"。辅广指出:

自《宛丘》而为《东门之枌》,自《东门之枌》而为《东门之池》《东门之杨》,盖俗之流而势之下也。有国者之于导民,可不谨哉?

辅广则认为这首诗与前面的《宛丘》以及《东门之枌》《东门之池》一意相承,淫乱的程度在逐步升级,所以他说"有国者之于导民,可不谨哉",其实是延续了《毛诗序》的说法,与朱熹有所不同了。《诗经》另有《郑风·出其东门》:"出其东门,有女如云。虽则如云,匪我思存。"古时之城,东门之外多为游乐之地,故"可不谨哉"!

朱熹说,《诗》中头项多,一项是音韵,一项是训诂名件,一项是文体,当然更重要的是义理。因此,除了诗旨,亦即义理,辅广的《诗童子问》还对《诗集传》中其他问题进行了阐发,比如字义训诂,朱熹解释《关雎》时说:"《毛传》挚与至通,言其情意深至也。"那么,为什么取这一说呢?辅广《诗童子问》就做了补充说明:"其取《毛传》挚与至通之说,如何?(朱熹)曰:《书·西伯戡黎》篇'大命不挚,挚亦训至'。"

关于音韵方面。朱熹对《诗经》的注音,主要采用吴才老的《诗补韵》,但亦有不同,比如《关雎》的"左右采之"的"采"字,吴才老注音"此礼切",我们现在看到的《诗集传》,用的是"此履切"。但这个简单的注音背后,还有一段掌故,辅广《诗童子问》记录了下来,他说朱熹开始用的是"此礼切",但他的弟子陈器之认为:今韵书,礼、履不同韵,若用"礼"字,恐人作"泚"字读,即与下"友"字音不叶。朱熹听了,才改音"此履切"。

第八章 著述为己任

当然,《诗童子问》也存在一些硬伤,比如《诗经·周颂·潜》这首诗,朱熹注解引用《礼记·月令》:"季春,荐鲔于寝庙。"但《诗童子问》竟说:"《月令》但有'季冬荐寝庙',季春荐鲔,乃《序》说也。"所谓《序》说,是指《小序》说的"《潜》,季冬荐鱼,春献鲔也",辅广认为这是《序》说,《月令》里没有这样的话。其实,"季春荐鲔"的说法,确实见于《礼记·月令》,朱熹的注释没有问题。辅广的这个硬伤,被陈启源《毛诗稽古编》抓住不放,说:"季春荐鲔之文,载在《月令》,三尺竖子皆见之,广独不见耶?"这大概是辅广的偶忘,不必深责的。所以《四库提要》就说:义理之学与考证之学分途久矣,广作是书,固不求以引经据古为长也。

三

辅广另一重要的著作就是《论孟答问》,关于此书的重要性,元代的学者袁桷(1266—1327)曾作有《论孟问答序》(又作《辅汉卿先生语孟诸序》,载《清容居士集》卷二十一),他说:

> 桷幼承父师,独取黄、辅二先生之书而读之。黄公之书,尝辅翼其未备,若可疑者,则以昔之所闻于先师而申明之。至于辅公,则直彰其义,衍者隐之,幽者畅之,文理炳著,不别为标的,以尽夫事师之道,微文小义简焉,以释经为急,而其知行体用之说,不蕲合而有合矣。

袁桷承继家学、师传，对黄榦、辅广二先生之书最有钻研，他认为辅广《论孟答问》一书"直彰其义，衍者隐之，幽者畅之"，也即正是对朱熹《四书章句集注》中的《论孟集注》的疏证，且"不别为标的，以尽夫事师之道"，传承朱熹学术而不标新立异，这是辅广治学的特点，另有"微文小义"则解释经典，正是"知行体用之说"。简言之，辅广之书，最大的特点就是继承朱熹之学来解释《论语》《孟子》，且以践履为中心阐发他自己的体用兼备之学。

后来，朱熹的再传弟子赵顺孙编纂了《四书纂疏》二十八卷，关于此书的特点《四库全书总目提要》说：

> 宋赵顺孙撰其书备引朱子之说，以羽翼章句集注，所旁引者惟黄榦、辅广、陈淳、陈孔硕、蔡渊、蔡沈、叶味道、胡泳、陈埴、潘柄、黄士毅、真德秀、蔡模十三家。亦皆朱子之宗派也。

赵顺孙此书，首先是"备引朱子之说"，将朱熹各类著作的精华悉数摘录，用以疏证《四书章句集注》，然后再旁引包括了辅广在内的十三家朱熹弟子，因为这十三家也对以《四书章句集注》为中心的朱熹四书学著作进行了注疏。所以《四书纂疏》可以说是朱熹及其弟子《四书》类著作的总汇编。等到辅广《论孟答问》的单行本失传之后，此书的价值就更体现出来了。所以今人从《四书纂疏》中辑出《论语答问》与《孟子答问》这两种书，对于现代解读《论语》与《孟子》依旧多有助益。另外，元代胡炳文的《四书通》、倪士毅的《四书辑释》以及明代胡广等人编纂的《四书大全》,清代陆陇其的《松阳讲义》,李沛霖、李祯的《四书朱子异同条辨》等《四书》类著作,都对辅广注疏多有引用。

《论孟答问》"先载师说,而以己意附于后",就是为了让初学者更加明白朱熹《论孟集注》之中的思想精华。辅广在书中,先列《论语》《孟子》的经文以及朱熹的注解,然后附以他自己的解说。与其他朱门学人《四书》类的书不同的是,《论孟答问》并不直接征引朱熹诸如《四书或问》等其他相关著作,而只引用《论孟集注》,故辅广《论孟答问》较之其他朱门学人那些繁复征引而叠床架屋的书,则更加简明,更加凸显主旨。简言之,辅广只针对《论孟集注》,只在必须疏证的地方才加以针对性的解释。所以赵顺孙编纂《四书纂疏》这部朱门学人四书学的集大成的著作的时候,几乎将辅广的那些疏证全部采纳了。

为便于了解辅广《答问》独特疏证体的特色,仅以《论语答问》中的十二则为例,先摘录辅广《答问》的精彩句子,再引朱熹《四书章句集注》中的《论语集注》中他本人的句子,至于朱熹所引二程等人则不再涉及。先看《论语·学而》首章:"学而时习之,不亦说乎?有朋自远方来,不亦乐乎?人不知而不愠,不亦君子乎?"辅广《答问》说:

> 顺,谓理之顺。逆,谓理之逆。曰顺曰逆皆理也,但处其顺者易,故及人而乐者犹可及;处其逆者难,故不见是而无闷,非成德之士、安土乐天者,不能及也。
>
> 此章总言为学始终三者之序,有浅深而无二道也。又虑

夫敏者躐等而进、怠者半途而止、昧者又或离析以求之，或失其正而陷于异端，故复发此义而使之正其始之所学，然后时习以熟之，则夫说之与乐可以驯致，初不待外求而得也。

朱熹说："愚谓及人而乐者顺而易，不知而不愠者逆而难，故惟成德者能之。然德之所以成，亦曰学之正、习之熟、说之深，而不已焉耳。"为何朱熹说"顺者易"而"逆者难"？辅广认为关键在于"理"之顺与逆，顺者之乐"犹可及"；逆者不被认可而"无闷"，往往只有"成德之士、安土乐天者"才能做到，故不能及。接着就朱熹说的"学之正、习之熟"再疏证，辅广说这三者有循序渐进的次序与浅深，由易到难然其道理如一，"敏者躐等而进、怠者半途而止、昧者又或离析以求之"等，则都是有问题的；故关键在"学之正"而不陷溺于异端，然后才是"习之熟"，至于朱熹说的"说之深"则没有多作展开。由此可知，辅广主要是围绕朱熹的注释进行疏证，然针对的是关键要点，而非过于散漫地展开，更未牵涉朱熹或其他人的注释而越来越繁琐。再看《论语·学而》另一章："曾子曰：吾日三省吾身：为人谋而不忠乎？与朋友交而不信乎？传不习乎？"辅广《答问》说：

> 省者，思而有所检察之谓。曾子以此三事日加省察，有则便与他理会了改之，无则又加勉厉以持守之，而不使之窃发，则其终，自治工夫可谓至诚恳切矣。
>
> 曾子资质鲁钝，故其为学不外骛、不泛求，凡事只向自己身心上着工夫检察修治。……然其所谓用心于内者，亦非

息心绝念、屏弃外事之谓,但当常存是心,不可放失。

朱熹说:"曾子以此三者日省其身,有则改之,无则加勉,其自治诚切如此,可谓得为学之本矣。"辅广首先是疏证朱熹"有则改之,无则加勉"八字,其"改"需要先去"理会",其"加勉"则需要"厉以持守之,而不使之窃发",这一阐发使得朱熹那八字更易实践了。辅广还有另外的解释则把握了曾子"资质鲁钝"的特点,故而其为学"不外骛、不泛求"。他还强调"用心于内",并不像佛道那样"息心绝念、屏弃外事",这一增补的解释很重要,将反省工夫儒家特色凸显出来了。事实上,反躬自身,向内亦是获得真知的源泉之一,时时省察亦是极其有意义的实践工夫,而"忠""信"则是关键,修身成德其实必然是通过"量"的叠加才有"质"的飞跃。《论语·学而》重要章还有:"子曰:弟子入则孝,出则弟,谨而信,泛爱众,而亲仁。行有余力,则以学文。"辅广《答问》说:

> 谨,谓所行不放纵,不放纵则有常矣。信,谓所言不虚妄,不虚妄则有实也。
>
> 孝弟谨信、爱众亲仁,所谓德行也。必先行此而有余力,然后用以学《诗》《书》六艺之文,则其文也适足以成其质,其博也适足以养其心。

朱熹说:"谨者,行之有常也。信者,言之有实也。"辅广对"行之有常"与"言之有实"加以疏证,认为"行不放纵"才能有常,

"言不虚妄"才能有实,则对"谨""信"二字的意思做了拓展。另外辅广对为何要先讲求"谨而信"才能去做"行有余力"的学问做了说明,至于"学文"则指《诗》《书》六艺",而其意义则在于"成其质""养其心"。另外"孝"是人之为人的基点,修身以成德的开端,也是辅广特别强调的,若不懂得尽"孝",那么了解再多"文",也只是"一纸空文"。再看《论语·为政》:"子曰:学而不思则罔,思而不学则殆。"辅广《答问》说:

> 学之义广矣。虽不专谓习其事,然此之谓学,则指习事而言耳。徒学而不求诸心,则内外不协,外虽勉强而中无意味,故昏而无得;徒思而不习其事,则理事为二,理虽若有所得,事则扞格而无可即之安,故危而不安。

朱熹说:"不求诸心,故昏而无得;不习其事,故危而不安。"辅广指出,"徒学而不求诸心",勉强理解的道理不能体味深刻,故"昏而无得",思想中的道理又要去"习事",若"理"与"事"为二,即便道理上有所得,做事也是扞格的,以至于"危而不安"。所以务必既仰望星空又脚踏实地。还有《论语·里仁》此章:"子曰:朝闻道,夕死可矣。"辅广《答问》说:

> 父子有亲,则于父子之间顺矣;君臣有义,则于君臣之间顺矣;夫妇有别,则夫妇顺矣;长幼有序,则长幼顺矣;朋友有信,则朋友顺矣;推而至于应事接物之际各得其理,则无适而非顺矣,岂复有不足之憾哉?生尽其顺,则死得其安,如曾子易

簧是也。不如是，则不安矣。

朱熹《论语集注》："道者，事物当然之理。苟得闻之，则生顺死安，无复遗恨矣。""道"是事物的"当然之理"，关涉到"生顺死安"而无遗恨，朱熹具体指什么？辅广进行详细的解说，认为就是指"五伦"，从"五伦"推至应事接物各个方面，"无适而非顺"，再结合"曾子易簧"之言，也就懂得为何死而无憾了。"人生其实就是一种死亡练习，但是人类何尝因为注定要死亡而放弃过奋斗呢？""生尽其顺，死得其安"，人生的真谛，就在尽自己该尽的本分，获得人伦之"顺"。《论语·里仁》还有一章也讲到了"道"："子曰：士志于道，而耻恶衣恶食者，未足与议也。"辅广《答问》说：

> 士志于道，则举天下之物不足以动其心，所知日高明、所造日广大，与之议道，则足以发其精微、尽其曲折。若犹以口体之奉不若人为耻，则其识趣之卑陋可知矣，尚何足与议夫道哉？

朱熹说："心欲求道，而以口体之奉不若人为耻，其识趣之卑陋甚矣，何足与议于道哉？""道"是由"五伦"推至之理，还当求其高明、广大与精微、曲折，自然不可限制于"口体之奉"，更不会以此不如他人为耻，此处可以看出一个人的识趣，卑陋之人不可与言道。食物若能果腹，衣物若能穿暖，"士志于道"则更有精神境界可以追求。再看《论语·公冶长》子贡将自己与颜回相比:"子谓子贡曰:女与回也孰愈?对曰:赐也何敢望回。回也闻一以知十,赐也闻一以知二。子曰:弗如也!吾与女弗如也。"辅广《答问》说:

> 颜子不假思惟,如鉴照物,纤毫莫遁,故能即始以见终;子贡须用思索,循序而进,以类而达,故能因此以识彼。闻一知十,不是知一件限定知得十件,只是知得周遍,始终无遗;闻一知二,亦不是闻一件限定知得二件,只是知得通达,无所执泥。知得周遍,始终无遗,故无所不说;知得通达,无所执泥,故告往知来。然思与睿亦非两事,但有生熟之异。始则思而通,久则明睿生而物无遗照矣。

朱熹说:"惟是生知之圣人,则全体昭著,不待推广。若夫学而知之者,则须居敬穷理,渐渐开明,固不能无浅深之异也。"孔子将世间为学者分为生而知之者、学而知之者及困而知之者,然而天赋异禀的人总是少部分;次之则通过努力学习而后成才;再次之是资质鲁钝,多次打磨才能有所成就。朱熹说"生知"的圣人"全体昭著,不待推广","学知"则"居敬穷理,渐渐开明"。辅广分析此条,认为颜回"不假思惟,如鉴照物,纤毫莫遁,故能即始以见终",子贡"须用思索,循序而进,以类而达,故能因此以识彼",颜回的"闻一知十"其实是"知得周遍",子贡的"闻一知二"其实是"知得通达"。值得注意的是,辅广认为"生知"与"学知"之间不是两回事,而是"生熟之异",努力久了自然就能"明睿"起来了。再看《论语·述而》一条:"子曰：君子坦荡荡，小人长戚戚。"辅广《答问》说：

> 惟平故宽广，惟险故多忧。天理常平，人欲常险。

朱熹说："坦，平也。荡荡，宽广貌。"辅广则说"惟平故宽广，惟险故多忧"，阐发得极妙；"天理常平，人欲常险"，也说得极妙，真理往往看似平常，而欲望则往往使人陷入险境。《论语·子罕》则有颜回的感叹："颜渊喟然叹曰：仰之弥高，钻之弥坚；瞻之在前，忽焉在后。夫子循循然善诱人，博我以文，约我以礼。"辅广《答问》说：

> 无穷尽，言道之体高广而无量也；无方体，言道之用神妙而不测也。惟其体之高广无量，故竭诚以慕之，则苦其弥高而不可及；尽力以研之，则苦其弥坚而不可入；惟其用之神妙不测，故瞻之则若恍然而在前，就之则又忽焉而在后，无影像之可求，无处所之可执。此盖颜子竭诚尽力以求圣人之道，而反苦其未甚端的，故喟然以叹其体用之高妙如此也。
>
> 上既言夫子之道高妙，而己之不可及、不可入矣，故此复言夫子之教人，则循循然有次序，善于诱己之进，此古人所以贵亲炙之也。

朱熹说："仰弥高，不可及。钻弥坚，不可入。在前在后，恍惚不可为象。此颜渊深知夫子之道，无穷尽、无方体，而叹之也循循，有次序貌。诱，引进也。博文约礼，教之序也。言夫子道虽高妙，而教人有序也。"孔门弟子中最为"明道"的颜回对夫子之道的感叹，也正如老子所说："惚兮恍兮，其中有象；恍兮惚兮，其中有物。"朱熹说"无穷尽、无方体"，辅广则解释此六字，"高不可及""坚不可入"，故"无穷尽"；"无影像之可求，无处所之可执"，故"无方体"。但是"循循然有次序"，能够引导人才进步，辅广认为此"诱己之进"，则"古人所以贵亲炙之"，这当是亲身经历后的感叹。辅广亲炙于朱熹，自然就对朱熹著作所说的话，感叹最深，如同颜回之于孔子。《论语·子罕》曾有夫子之叹："子在川上曰：逝者如斯夫，不舍昼夜！"辅广《答问》说：

  天理流行，无处不然，无时或已，但隐于人心者，不若形于川流者易见。人能即此而有发焉，则当自强于体察、致力于谨独，使之无一息之间断，则庶几乎不亏其本体矣。

朱熹说："天地之化，往者过，来者续，无一息之停，乃道体之本然也。然其可指而易见者，莫如川流。故于此发以示人，欲学者时时省察，而无毫发之间断也。"辅广的解说，将朱熹说的"道体之本然"解读为"天理流行，无处不然，无时或已"，更为简明易懂，人的内心对于道理的感悟，不如川流更为易见，本然之理，"无一息之间断"，故而学者应当"时时省察"。奔流的河水一去不复返，正如光阴之无法倒流，为学之人珍惜光阴，便当时时处处注意体察。还有《论语·季氏》对人的告诫："孔子曰：君子有三戒：少之时，血气未定，戒之在色；及其壮也，血气方刚，戒之在斗；及其老也，血气既衰，戒之在得。"辅广《答问》说：

> 阴阳之气塞乎两间，而人所资以为体者也。就其体而分之，则有气有血焉。气者阳之为也，血者阴之为也，而精又气血之精者也。阴阳气血，一而二、二而一者也。
>
> 知者心之用也，理者性之蕴也，血气者形之资也。随时知戒，以理胜之，不为血气所使，则心为之宰，而性与质各得其分焉，是亦一本而已矣。
>
> 人之血气未定，则常动而易流，方刚则勇锐而好胜，既衰则收敛而多贪，此血气之变也。常动而易流则戒色，勇锐而好胜则戒斗，收敛而多贪则戒得，此志气之常也。变者无知，常者常觉。觉者为主，而使无知者不得肆焉，此圣贤之学，而君子终身之务也。

朱熹说："血气，形之所待以生者，血阴而气阳也。得，贪得也。随时知戒，以理胜之，则不为血气所使也。"血阴、气阳，辅广解释后说这是"一而二、二而一"的，关键在于"随时知戒，以理胜之，不为血气所使"，也即辅广说的"心为之宰"。"好色""好胜"与"多贪"其实都是"血气之变"，缺乏志向、知识、主宰才会如此。故每个人对于自己的精神状态的刚强与柔弱，都应当主动调控，而不是等着经历事故才会懂的。主动调控，必当时时自我告诫，所以年少之时，不可冲动；中老年之时，则必须注意收敛，无论饮食男女，还是声色货利，都不可多贪多得，个人无力享受，传之子孙则更是祸害无穷。最后看《论语·尧曰》，《论语》之末章："子曰：不知命，无以为君子也。不知礼，无以立也。不知言，无以知人也。"辅广《答问》说：

礼,谓三千三百之礼。文,是乃天理之节文,人事之仪则也。苟不知之,则耳目真无所加,手足真无所措,一视一听,手持足履,皆冥行妄作而已矣。将何所据而能立乎?

言者,心之声也。故因言之得失,则可以知其人之邪正,《系辞》所谓"吉人之辞寡、躁人之辞多"、《孟子》所谓"诐淫邪遁云者",皆是也。此其工夫密矣。固非臆度意料者之所为。必先格物穷理,然后能之。

知命,则在我者有定见;知礼,则在我者有定守;知言,则在人者无遁情。能使三者,则内足以成己之德,外足以尽人之情。

朱熹说:"不知礼,则耳目无所加,手足无所措。言之得失,可以知人之邪正。"君子立身处世首先要懂得"知命",然后才有"定见";"知礼"而有"定守",也即把握耳目、手足之仪则,不会"冥行妄作";"知言",辅广的疏证强调"因言之得失,则可以知其人之邪正",故而"无遁情"。能做到这三点,"内足以成己之德,外足以尽人之情",即是具备了君子的理想人格。

四

在卫湜编纂的《礼记集说》中,也有数百条引自辅广《礼记》的注释文字,但没有记录辅广此书的具体名称,然朱彝尊《经义考》则说辅广有一著作名为《礼记解》。卫湜的《礼记集说》,汇集旧注一百四十四家,对于宋人注《礼记》讲义理而不讲制度的空疏学风有所纠正,被视为礼学的集大成之作。卫湜指出辅广《礼记解》:"取注疏方氏、马氏、陆氏、胡氏诸说,仿吕氏《读诗记》编集,间有己说。"由此可知,辅广《礼记解》是对《礼记》的注释,部分受到他早年的老师、重视文献制度的吕祖谦的影响,故与其他宋代学者不同,对于礼仪制度多有关注,然《礼记》本为解释"礼"之"义",故辅广对义理亦不偏废。此处仅举一条,以窥一斑。《礼记·檀弓》:"父母在,朝夕恒食,子妇佐馂,既食恒馂。父没母存,冢子御食,群子妇佐馂如初。旨甘柔滑,孺子馂。"辅广《礼记解》说:

> 食须尽,亲或余而子馂之,其意远矣。推而至于堂构播获,皆此物也,末有原特一事耳。父没母存,食则独矣,恐母心之伤也,故冢子御食焉。御,侍也,言御至矣。群子妇佐馂如初,然后可以至于无穷。旨甘柔滑,孺子馂者,所以慈幼也。养老慈幼,于是为至。

此处的"馂"字,指吃父母剩余的食物,辅广认为此用意深远,因为父祖家业的继承,就在此意之中,而不是特别的另外一番道理。若是"父没母存",吃饭的时候一个人了,担忧母亲伤心,故除了媳妇们在一旁侍奉,长子也应当亲自在旁侍奉。至于父母剩余的食物,其中"旨甘柔滑"的美味,应当给年幼的孩童们吃。古人十分讲究如何奉养老人、如何慈爱幼童,最好的食物先给老人,老人吃不了再给幼童,其中既有礼之制度又有礼之义理,辅广将之一一讲明了。

另外，还有一个有趣的文献可以补充，王璆《是斋百一选方》有《治肠风、痔漏神丹》，也即"辅氏痔漏方"，记录为"钱总领馆客辅汉卿传"：

> 刺猬皮，一个，制铁器中，炒焦黑为度。皂角刺，半两，烧存性。硫黄，一蹲，研。猪牙皂角，半两，去黑皮，涂蜜，炙。白矾、枳壳，锉碎，炒。黄芪，蜜制赤附子，除去皮，各半两。白鸡冠花子，一两。
>
> 上为细末，酒煮糊为圆，如梧桐子大，每服七圆至十圆，空心食前温酒下，不饮酒用米饮送下。久年漏痔，服至三四十日，肉满平安；诸痔服之，即自消；外痔，用药十圆，用朱砂细碾，蜜调涂之。常服永除根本。若服药觉热，加白鸡冠花子一两半或二两，更加三五圆服之，脏腑自调匀也。

此处的"总领"，为宋代军镇中掌管供军财赋及御前军马文字的官员，大约辅广早年曾为其下属，也即"馆客"，此时恰好有机会将这个辅氏家传的中药药方传入民间，后被南宋医学家王璆所抄录。王璆，字孟玉，号是斋，山阴（今浙江绍兴）人，历任淮南幕官、汉阳知府等，公余之暇留心医药，历十九年而成《是斋百一选方》二十卷。

辅广晚年从事儒学著述,著有《诗童子问》,辑有《晦庵先生语录》与《朱子读书法》。

第九章　浅草掩真儒

辅广去世五百多年之后,他的直系子孙大多迁居他乡,以至于守墓之职也多有疏忽了。黄宗羲、吕留良前去寻墓拜谒之时,留下了"道丧五百年,浅草掩真儒"的诗句,这虽然包含了他们对于道学传承之艰难的感叹,但也是辅广墓园凋敝的现实反映。那么辅逵、辅广相关的遗迹现况如何?他们的后人安在?

一

康熙四年(1665)为乙巳年,黄宗羲在崇德吕留良家任塾师,于是便与吕留良等人一起前往崇德城西,拜谒辅广之墓。他在《辅潜庵传》中说:"乙巳岁,余拜辅汉卿先生之墓于崇德,退而考于邑志及其邑人所作《宗辅录》,皆不能详,且多错误。故以其间出他书者,为《辅潜庵传》。"除了写作此传,并将之收入后来的《宋元学案》,专立一《潜庵学案》之外,黄宗羲《南雷诗历》卷二中有《拜辅潜庵先生墓》诗:

　　草难埋没水难龈,五百年来辅氏坟。
　　日暮碑生牛角火,秋深绿变女腰裙。

第九章　浅草掩真儒

一时伪禁人将散,千古微言赖所闻。

弟子朱门无列传,凭谁好事托斯文。

黄、吕寻墓之时,辅广之墓已经被荒草所掩盖,但还能找到,然而墓碑上的文字则已经剥蚀殆尽了。于是黄宗羲想到当年的庆元党禁,一时之间诸生散去,朱熹只得将千古微言传于风骨坚劲的辅广,然而《宋史·道学传》的朱门之中却没有辅广小传,"凭谁好事托斯文"一句则表示他自己的道义担当。就历代辅广传记而言,黄宗羲的《辅潜庵传》确实是历代辅氏小传之中最有价值的。

与黄宗羲(字德冰)一同拜谒的除了吕留良,以及吕留良的好友吴之振(孟举,1640—1717)、吴尔尧(自牧,1634—1677)外,还有黄宗羲之弟黄宗炎(晦木,1616—1686),据黄宗羲七世孙黄炳垕(1815—1893)《黄梨洲先生年谱》记载:"公之语溪,同晦木公暨万子公择,登龙山拜辅潜庵先生墓,议重为立碑,有句云'弟子朱门无立传,凭谁好事记斯文'。"小注:"公未刻稿有辅潜庵传。"则知此次拜谒辅广墓的,还有黄宗羲之弟子万斯选(公择,1629—1694)等人,他们还商量重新为辅广墓树碑立传,因为后几年黄宗羲与吕留良绝交,故想必树碑一事并未落实,方志上也未见记载。

吕留良则作有《同德冰晦木孟举自牧谒辅潜庵先生墓》,收入《何求老人残稿》卷二,此诗较长,故分两段略作说明,先看第一段:

道丧五百年,浅草掩真儒。学子不知处,路人亦忘呼。

> 斋沐约寻谒，有友五六俱。积雨道村路，直径成萦迂。
> 断港与绝流，往往迷通渠。改卜至再三，天廊始清虚。
> 溪光犹徙树，积水生针鱼。宰木老刳腹，白日眠妖狐。
> 马鬣四五封，遗蜕竟焉居。藉草成拜跪，所向犹糢糊。
> 村灶乞残烟，瓣香明柏脾。不愁传火尽，所愁野烧殊。
> 扫叶索遗迹，仆碣点画无。驳蚀岂至此，殆是碑阴欤。

吕留良虽然出生于崇德，但此前并未到过辅广墓，而且当时崇德的学子、路人也不知其墓在何处。黄、吕等人斋戒、沐浴庄重前去，道路积水，河港阻隔，只得再三改期。等到找到，且向周边村民借来烟火，扫墓焚香而拜谒，蔓草重重之中，想要一读墓碑上的文字却不可得，所以后来黄、吕二人想要重新立碑。第二段则说：

> 当在晦翁门，庶几曾闵徒。密网排伪禁，山堂传工夫。
> 俗学声利场，立脚如龟趺。集注及童问，经说存师模。
> 语录尊所闻，考亭手订书。鹤山得受读，刊本及今吾。
> 自拟厕其门，岂足供粪除。末学日崩溃，支流细分涂。
> 嗣法于告子，而阳附子舆。一花开新建，攻镔及子朱。
> 谁非含乳儿，出门定弯弧。巍峨旧书院，苔草十丈芜。
> 安得起斯人，补苴追逃猪。

所谓"庶几曾闵徒"，则追念当年朱熹门下，辅广的地位相当于曾参或闵子骞，这二人都是德行高尚者，故这一比拟也差不多。辅广之所以可贵,关键在于伪禁之际敢于前往武夷山问学,俗学流行的声利场中则从不见其身影。还有朱熹的《四书章句集注》,辅广有《四书答问》等书加以传扬;朱熹《诗集传》,辅广有《诗童子问》加以传扬;还有辅广所记的朱熹讲学语录,则经过朱熹亲手审订等等,吕留良特意罗列其传朱子学之功。当然传承之中的重要一环则为魏了翁(鹤山),辅广编辑的朱熹之书,往往经过魏了翁而进一步传播。

吕留良说"自拟厕其门,岂足供粪除",说自己不敢厕身辅广之门,不堪担任洒扫什么的,自然是谦词,事实上吕留良非常关注学术之真伪问题,他是清初"尊朱辟王"的代表人物,所以对于当时"末学日崩溃"的情形,非常担忧。特别是晚明以来王阳明(新建)之学,在他看来其实自告子"性无善无不善"出,而伪托于孟子(字子舆)成良知之说,自阳明学出则学者又纷纷攻击朱熹(子朱子)。他最后感叹当年巍峨的传贻书院,也如辅广墓一般被荒草所掩盖,故而呼唤再出现一位像当年的辅广一样,能够传承朱子学之正统的人物。关于吕留良此诗,清代杨钟羲(1865—1940)《雪桥诗话续集》卷一,有过一番评论:

吕光轮《谒辅潜斋先生墓》云:"末学日崩溃,支流细分涂。嗣法于告子,而阳附子舆。一花开新建,攻锼及于朱。谁非含乳儿,出门空弯弧。"此讲学家之门户也,处堂忧未审,角力日偏工。意气相争,贤奸相溷,而明社屋矣,余增远诗:"从来朋党能贻祸,可恨群儒多倒行。"亡国败家,古今一辙。

文中的吕光轮便是吕留良，而所引之诗文字略有不同。在杨钟羲等人看来，吕留良因为崇尚朱子学而拜谒辅广墓，并在诗中抨击阳明学，属于"讲学家之门户"，此门户又近似朋党之争，反而是晚明"亡国败家"之原因所在。因为学术之争而造成朋党之争，而朋党则会导致亡国。这也是一种见解，晚明之际的余增远（1605—1669）说"从来朋党能贻祸，可恨群儒多倒行"，也是这种看法。余增远，字谦贞，世称若水先生，会稽（今浙江绍兴）人，崇祯十六年(1643)进士，官宝应知县，南明时授礼部主事、郎中，清军南下逃隐山中，其行为则与吕留良一样，是明之遗民，然而对于学术异同之辨的看法，却与吕留良正好相反。

事实上，黄吕二人并非最早拜谒辅广墓的学者。比他们略早的还有高承埏，其《拜辅庆源墓》诗说：

素商门外谒先贤，古墓萧萧五百年。
为问传贻留此席，而今谁可替仔肩。

一抔荒草吊前型，羽翼功深在六经。
岁岁春风堤上绿，胜他种树认冬青。

高承埏（1602—1647），字泽外，号寓公，嘉兴竹林乡人。崇祯十三年(1640)进士，曾任宝坻、泾县等知县，调工部主事，明亡之后闭门读书，筑稽古堂藏书七万余卷。高承埏也是一位遗民，他在诗中写明辅广墓在县城之西门（素商，古人将五音与四季相配，商音配秋；又因五行中以金配秋，金色尚白，故称素商。商音还与方位中的西方相配，故称西门为素商门），春风春水，杨柳依依，古墓萧萧，一抔荒草。因为传贻书院，人们还记得辅广，辅广之功则在羽翼朱熹以及"六经"，然而事到如今，到底何人可以担负传道重任呢？拜谒名人墓园，往往会生发后继无人的感叹。到了乾隆年间（1736—1796），又有皇甫槚《辅潜庵墓二首》：

其一

伪学曾闻禁庆元，留贻一脉紫阳传。
多君能障狂澜倒，一柱中流砥百川。

其二

师友渊源出考亭，说诗匡鼎最知名。
乡贤难得又名宦，辅汉卿兼黄直卿。

皇甫槚，字养廷，号双槐里居士、双溪钓叟，乾隆丁酉举人，曾任孝丰县（今浙江湖州安吉县）教谕，著有《勘书阁诗集》《牛铎集》等。此诗也收录于宋咸熙所辑《桐溪诗述》，在皇甫槚看来，辅广是庆元党禁之际捍卫朱子学的中流砥柱，其学术贡献则主要就在《诗童子问》，承继朱熹说诗而最知名。最后感叹，一地而有乡贤辅广与名宦黄榦，能兼得朱门高弟黄、辅二人，亦是大幸运了。

到了晚清，还有名臣林则徐（1785—1850），嘉庆二十五年

(1820)担任杭嘉湖道,他在《杭嘉湖三郡观风告示》中说:

若夫槜李名疆,由拳沃土,胥岭峙其左,鸳湖环其南,陆敬舆桑梓之乡,辅汉卿钓游之地,一则忠规谠议,名显中堂;一则经明行修,道传南宋。

在他看来,嘉兴府(槜李、由拳都是嘉兴的古称)古代文化,堪称坐标式的人物只有两个,一个是陆贽(敬舆,754—805),一个是辅广。陆贽是唐德宗时代的名相,"忠规谠议",其奏议其品德都堪称典范;辅广则"经明行修",即经学著述与言行修为也堪称典范。陆、辅并称"二贤",其实更早还有宋元之际的书画大家赵孟𫖯(1254—1322),因其有亲戚就在崇德县,故曾为县中的吴俊卿义塾作诗说:"宣公相业著,辅子理学醇。二贤乡先正,千载德不泯。"有意思的是,后来陆、辅"二贤"都从祀孔庙。嘉兴一地获得从祀的只有四人,除了陆贽与辅广,还有就是清初的大儒、桐乡人张履祥(1611—1674)与平湖人陆陇其(1630—1693)。

二

辅逵的墓在哪里?

据民国《乌青镇志》卷十八记载,辅逵墓在"青镇永新乡,墓碑尚存",也即直到民国时期,辅逵的墓碑都还在。再据康熙末年盛熛的《前朱村纪略》记载:

第九章　浅草掩真儒

> 辅将军墓，在南村之南里许，宋辅逵为镇守将军，子庆源先生讳广，号潜庵，登进士，仕崇德州学正，为一时理学名儒。

这个记载，有不少错误，比如说辅逵为镇守将军，其误显然，又说辅广"登进士"，其实他连举人也没有考上，更没有成为"崇德州学正"。至于崇德州，则是元代的元贞元年（1295），升崇德县为崇德州，到明代洪武二年（1369），又复崇德州为崇德县，"崇德州"的时代显然与辅广无关。

辅逵墓，《前朱村纪略》已经说在"南村之南里许"，接着他又说："辅将军墓在辅家浜，又一在经堂桥塊下，其父子墓哀然尚在。"这样一写，反倒把人弄糊涂了，辅逵墓究竟在辅家浜，还是经堂桥呢？再有"其父子墓哀然尚在"一句，也很含混，辅逵有四个儿子，所谓"父子"，究竟是哪个儿子？很容易让人理解成辅广墓也在其中。

那么辅广的墓究竟在哪里？

《前朱村纪略》又说："《石门志》中有辅庆源先生墓，想家于百亩而葬于石门也。"按他的语气，辅广墓在石门，他对此并不十分肯定，所以用了一个"想"字。此石门是指清初的石门县，也即崇德县。康熙元年（1662），因清太宗皇太极的年号为"崇德"，为避讳以境内石门镇为名改称石门县，而原石门镇则改称玉溪镇。

事实上，历代《崇德县志》或《石门县志》都记载，辅广墓在县城"西门外一里"，也即崇福镇西门外一里，这应该没有问题。然而辅广墓历经千年,如今却已经难觅踪迹。

万历《崇德县志》记载:"辅潜庵广墓,在西门外一里。有潜庵遗像,陈令允坚移奉传贻书院。"嘉庆《石门县志》则记录得尤其详细:

> 墓在一都二图元字圩,省郡志及《两浙防护录》并载,而墓碣久湮。后裔无状,将墓南余地,卖与北门吴姓,日被侵削,几及圹侧。嘉庆二十年十月,崇文书院诸司事,备价赎回,尽复侵地。
>
> 其穴系南向,今丈得南面自东至西十四弓四尺五寸,北面自东至西十四弓,东面自南至北二十五弓三尺,西面自南至北二十六弓,计丈实地二亩五分四厘二毫三丝,正东至蔡地,西至蔡田,南至石岸水溇,北至蔡坟。又为树碑墓,前题曰"宋儒辅潜庵先生之墓",碑阴具载丈尺弓数,四围俱立界石,呈县立案,永远防护云。

光绪《石门县志》补充:"同治六年,知县杨恩澍重修,捐俸四十千文,交司事窦迎晖,存本生息,作为岁修时祭费,详《传贻书院记》勒石讲堂右。"另外,宣统元年(1909)杨圭章编写的《石门乡土历史》中第十三课便是"兑泽门外有古墓,理学大儒辅广",文中写了这么一条:"兑泽门即西城门,辅墓在西门外约一里余,荒烟蔓草,墓碣久湮,嘉庆二十年赎回侵地,丈量勒石。同治六年邑令杨恩澍捐俸重修。"

由此可知,辅广墓的位置,地方志都有记载,但墓碑文字

第九章　浅草掩真儒

在明末就已经湮漫不清，这与黄宗羲、吕留良等人看到的情况类似。更糟糕的是守墓的辅氏后裔，竟然将墓地南侧空地卖给他姓，使得墓地也被侵蚀。嘉庆二十年（1815）十月，崇文书院的司事将地赎回，然后"丈量勒石"，在墓前树墓碑，碑文为"宋儒辅潜庵先生之墓"，碑阴则记载墓地的具体尺寸方位等。到了同治六年（1867）知县杨恩澍又捐俸四十千文，交给传贻书院的司事窦迎晖，"存本生息"，作为每年维修的费用，并刻在石上作为凭信。

辅广墓在"一都二图元字圩"，据光绪《石门县志》之《四境图》所标"辅庆源墓"，则在南津乡一都的范围内，具体方位则在西门偏南处。南津乡区域历史上有很多著名的墓地，如南津乡的官村，出土过《唐故勃海郡吴府君墓志铭》，又据明万历《崇德县志》记载："吕太仆焕墓，在南津乡官村；吕尚主熑墓，在官村。"吕焕是吕留良的嗣祖、吕熑是吕留良的本生祖，吕熑墓曾出土的龙泉窑青瓷八卦纹炉，现藏桐乡市博物馆。

但是南津乡一都较大，"二图元字圩"的具体位置又标识不明，但文献共同指向的"西门外一里"，再参考《四境图》"辅庆源墓"的方位，也就大体可以确定了。清光绪年间（1875—1908）的一华里，约合现在的五百七十六米，如果以西城门为中心，再往西偏南的方向，可以划定更为具体的范围。值得注意的是，就地图来看，此处与辅遂晚年居住的南津乡孝义里晚村，位置也接近。据光绪《石门县志》，晚村属南津乡东二都，正好位于一都东侧。

另一条线索则是"南至石岸水溇"，在古代城内部分河道才有石岸，那么这里的石岸水溇怎么会出现呢？这段文字写于清嘉庆年间（1796—1820）对辅广墓修缮后，从高承埏"岁岁春风堤上绿，胜他种树认冬青"一句，以及吕留良诗中提及的"断港""溪光"，等等，也就意味着可能对附近的河港、水溪修砌了石岸。再来参考清光绪《石门县志》以及《石门乡土历史》的辅广墓地图，两图在西门与大南门间均标注有两个水门，但图上仅有北侧西水门贯通护城河，往南经南沙滩后向西二百米左右，再往南至尽头，该河道位于原机械厂南，过去还有一座张家小桥。由此可见，辅广墓应该在该河道南侧。那么这里附近有没有较为知名的地名与墓地有关呢？

再根据文献记载，辅广墓四围都立有界石，面积达二亩多，如此大面积的墓地，与南津乡的"大白坟"，较为吻合。该河道南地名就叫"大白坟"，原属城郊村的新桥村，村内多有墓地，其中一座大墓面积超过二分地，因泥土多石灰而呈白色，所以叫"大白坟"。该地点位于西城门的南面偏西，至西城门的直线距离大约六百米。"大白坟"，在二〇〇〇年之时，还是大片的桑树地和坟地，南侧是崇德丝厂的厂房。如今的位置，则在崇福镇中心幼儿园西南，南津路与花园南路交叉口附近。

三

辅逵、辅广家族居住在何处？光绪《桐乡县志》说是在永新乡，"至今聚族而居，辅家港因以得名"，辅家港大约就是辅家浜。《前朱村纪略》则说："辅将军园宅，宋镇守将军辅逵及其子庆源先生之宅,在南村之西,其地号'百亩园',习俗相仍,呼为阿妈园。"如今唯有一派桑麻而已。这也让人糊涂,所谓"南村之西",当与辅逵墓不远,"百亩园"这个小村的地名,现在还在,位于乌镇民合村。离此村不远又有地名"百亩荡",有良渚文化古遗址,位于濮院镇油车桥村吴家木桥。

《前朱村纪略》还说:

> 辅将军墓……庐墓而居者子孙不过三四家,其在青镇东栅外近塘者有一二十家,镇上有庠生讳辅圣朝者,即予族之坦也。又说,近墓而居者不过三四家,世为漆工。

从种种迹象来看,辅逵南迁后,定居在崇德县南津乡孝义里晚村,卒葬前朱村,子孙守墓而居,遂成村落,并又逐步分布于青镇(今乌镇)。大部分以漆匠为生,但也有读书不替者,如康熙年间(1662—1722)的辅圣朝,盛爌说是"予族之坦",也即盛氏家族的女婿,他就是一位庠生,读书人。

从史料中钩稽可知,辅广早年、中年生活在临安,晚年归隐崇德县城,丝毫没有前朱里、百亩园、近塘等地居住的迹象。前朱里,在明、清及民国时期隶属永新乡第二十六七都东七图内,后称前朱村、前溪里。因此,百亩园倘若真是辅氏所居,最大的可能是辅广的兄弟,即辅廉、辅庠、辅庚(康)中的一个,辅广的可能性极小;当然也有可能是辅广的堂弟辅万等人。

那么辅广的后人在哪里?为何会败落到出卖祖先墓边的空地?

黄宗羲《辅潜庵传》说:"辅广夫人蒋氏,子四人:大章,戊辰进士第,迪功郎;仲章,乡贡进士;叔章,秉义郎;季章,训武郎,知武冈县。"

关于辅大章,都说是嘉定元年进士,并任武冈县令。比如至元《嘉禾志》卷一五《宋登科题名》:"嘉定元年郑自诚榜,辅大章。"光绪《嘉兴府志》卷四四:"嘉定元年戊辰,辅大章,武冈令。"光绪《石门县志》也是如此。若辅季章担任的职务为"训武郎"则为正八品武阶官,担任"知武冈县"的可能性不大,故黄宗羲所记当有误。然袁桷在《辅汉卿先生〈语〉〈孟〉诸序》一文中提到,辅广之子名"季章"者于武冈首次刊刻辅广关于《论孟答问》,而袁桷此次作序本是应辅广之嗣孙辅政之邀:"辅公书,其子季章旧刻于武冈,兵祸散轶。今其从孙政与其子华亭丞友仁相与谋曰:遗书不传,吾辅氏子孙责曷敢缓?遂刻先生之书于家塾。"此处的"季章",是否为袁桷之误记?综合而言,则应当是辅大章,进士及第后,初授迪功郎,后任武冈知县。再据前文提及元刻二十卷本《诗童子问》辅政之序可知,辅政,字之望,辅广之嗣孙,他或是辅季章之子,然过继于辅大章,大约因辅大章任武冈令而寓居于此,并且接续其父编刊辅广著作的事业,在咸淳七年(1271)于武冈辅氏家塾中首次刊刻《诗童子问》等辅广著作。辅政之子、辅广之曾孙则为辅友仁,曾任华亭县丞。

估计与辅广一样,辅叔章、辅季章也曾在禁军中担任武职。另据《全宋文》赵范(1183—1240)《贵池齐山寿字岩题名》:"绍定改元五月廿八日,长沙赵范会约浙东郑损……建安吴沂、赵郡辅叔章、南康刘开于齐山款宴，终日乐也。"此处的辅叔章，当是辅广之子。赵范是南宋中期的著名将领，宋理宗宝庆三年（1227）知池州兼江东提举常平，绍定元年（1228）五月约了辅叔章等人在安徽池州的名胜齐山欢聚，此时辅叔章在军中任秉义郎之职。辅季章任训武郎，也是武职，那么辅氏家族南迁的第三代，至少也有两人依旧习武，并任武职。

崇德县南津乡东二都的晚村，以及崇福镇西门外南津乡一都的辅广墓附近，也应当有辅氏后裔存在，然后来无考，或许迁居到他处。另检索光绪《石门县志》之《选举志》，除辅大章外，辅姓而有功名者另有一人，即天顺恩选副例贡辅成，任职夔州推官，或为仍居崇德的辅氏后裔。

上文讲到前朱里及其附近，即如今的乌镇民合村、濮院油车桥村一带，都在桐乡东北部，一直有辅氏家族的后裔存在。现今桐乡市范围内，辅氏后人主要聚居地就在濮院镇油车桥村，曾有南辅、中辅、北辅三村，原来的家族墓地，曾有石人石马等。如今村中，仍有十四户。民国初年，曾有一百二十多户辅姓人家，则是江南辅氏最为兴旺的历史时期。但抗日战争时期因遭遇细菌战，病死者十之八九。湖州南浔区善琏镇含山村也有辅家浜，有二十六户辅姓人家；又有从含山迁至德清县新市镇乐安村朱墓，有十七户辅姓人家。含山又名涵山、寒山，高仅六十多米，位于南浔、桐乡、德清三县（市、区）的交界处，因民间清明节有轧蚕花的习俗而著名。另外，嘉兴新塍镇天福村辅家兜，有十四户辅姓人家。这几个地方与前朱里相距最多不过二十多公里，故应当都源出一系。

濮院镇油车桥村的文化礼堂即为"传贻堂",介绍辅氏由来、相关名人,陈设辅广的雕塑、画像、连环画以及生平事迹、家训等,另编有《传贻先生:辅广》国学读本。

其中《辅氏家训》为今人根据"家训"的特点,从《论孟答问》中选摘辅广的格言警句编成,部分条目的选择也参考了《语溪宗辅录》。具体则分"忠信至诚""自强不息""明辨义利""亲亲尊长"四部分,共计二十条。

第一部分"忠信至诚":

> 人不忠信,则浑是虚妄,虽有人之形,而无人之实也。
>
> 人心存则仁,人心不存则不仁。得失之几,至微也;存亡之实,至著也。安利乐,得失之几也;亡国败家,存亡之实也。祸福之来皆其自取。
>
> 古人以善为常,多不记载;以恶为反常,故时记之。后世之人,负大罪恶于身,不知愧耻;一有小善,沾沾自喜,可哀也已。
>
> 大凡至诚而好,则内外表里如一,而心志容色,皆应有不可掩者。
>
> 声即天地中和之声,自然可以为律;身即天地正大之体,自然可以为度也。

第一条说,人如果不忠实诚信,那么他的所作所为一切全是虚假,不真诚,虽然有人的形体,但却没有人的实质。程颐也说"人无忠信,不可立于世",人与人之间的相处,关键在于相互信任。第二条则强调人若有一颗善良的心,就有仁爱;没有善良的心,就没有仁爱。得失的多少,非常微小;是否保有善良的心,则是关键。安逸、利益、快乐,其中的得失又有多少差别?国家灭亡,家族衰败,这才是关乎存亡的关键!是福是祸,都归结于自己的选择。可见辅广也认为灾祸和福报,都来源于自己如何去做。第三条,进一步分析善恶,古人将行善看作日常之事,大多不会记录;将作恶看作反常之事,所以时刻记录。后世的人们,身上背负的罪恶深重,却不知羞愧耻辱;一旦有点小的善举,便引以为傲、沾沾自喜,真是让人感到悲哀。第四条,强调做人至真至诚,就会表里如一,大抵心思极为诚恳而完满,那么内心与外在就是一致的,心思意志与容貌神色,其实都应当是无法掩盖的。第五条说,声音就是天与地中和产生而来的声音,那么自然可以作为声音高低的标准;身体就是天地公正宏大的存在状态,那么自然可以作为言行的尺度。确实,人本身,是可以作为天地万物之间的尺度的。

第二部分"自强不已":

> 人不经忧患、困穷、顿挫、摧屈,则心不平、气不易、察理不尽、处事多率。故谓人若要熟,须从这里过。
>
> 学者须是自强不息,不息则久,久则天,然后可以至于纯亦不已之地。
>
> 玉有温润含蓄气象,所以为宝;人有温润含蓄气象,所以为圣,其理一也。
>
> 道理无空缺处,亦无间断时。一有空缺间断,便欠少了。

是以君子之学，无时无处不然。

学者须是将圣人言语熟读深思，昼夜玩味，则可以开发吾之知识，日就高明；涵养吾之德性，日就广大。乃见得圣贤言近指远意思，饱饫餍足；若只作言语解着，则意便死于言下，局促塞浅。

第一条说，人不经历忧虑祸患、困苦贫穷、疲乏挫折、催逼委屈，那么心性不能平静，心气不能顺畅，审察事理不能完整，待人办事容易轻率。所以，如果一个人想要成熟起来，必须要从这些曲折里头经过。这条传播较广，强调一个人在人生的成长经历中，若太过一帆风顺，未必是一件值得夸耀的事，困难、挫折才是人生的垫脚石。第二条，继续强调自强不息的道理，只有不懈怠才会长久，长久坚持就会自然而然地发展，然后达到纯熟的境界。第三条，以玉比喻人，佩玉者大多也是谦谦君子。玉有温和润泽、光滑细腻、藏于内而不表露于外的形象，所以人们把它视为宝物；人若有性情温和、低调内敛的气质，人们也会把他当作圣人，其中的道理是相通的。第四条，说道之修为，大道是不能有空缺的，也不能有阻隔、中断的时候。一旦有了空缺和阻隔、中断，就不完满了。因此君子之学，无时无处不是如此。第五条，讲学习方法，求学的人必须要将圣人的言语反复地阅读，认真地思考，日以继夜地细心体会其中的意味，那么就可以开拓启发我的知识，日渐高超明智；修养我的德行，日益宽宏与开阔，就会明白圣贤言辞浅近而意旨深远，如同饱食而满足；如果只是对言语表面的解释，那么意旨便会丧失在言语的表层之下，变得狭窄、鄙陋、浅薄。古代圣贤的言语，都包含着深意，是千锤百炼后的智慧结晶，切勿轻率对待，否则只能停留在皮毛之上。

第三部分"明辨义利"：

>人若能不以贫贱动其心，而于富贵辨其所当得而受之，其不当得则不受之，则过于常人远矣。过人之远，则不忧其不及人矣。
>
>夫人一有计利之心，则惟利是务。方其始也，犹有枉小直大之辨浸浸不已；殆其终也，则并与小大皆不复计，不至于灭天理而坏人纪不止也。
>
>人之心一有偏系之私，则于其所当为者，必不能勇于决为；而于其所不当为者，或且迟回以至于浸淫而不觉其非。
>
>为所当为便是义，才计其功便是利。人唯有欲利之心，故德不崇，此语最切要。
>
>无所为而为，故不求利，然成己成物各得其宜，故自无不利。

第一条说，人如果能不因贫穷、卑贱扰乱了本心，对于富裕与显贵，首先辨析是否是自己所应得的然后再去接受，对于不应该自己得的就不接受，那就已经与普通人拉开差距了。与普通人保持一定的差距，就不必担忧自己不如别人了。陶渊明说："不戚戚于贫贱，不汲汲于富贵。"人若无法生活恬淡，也就无法让自己怡然自得。第二条，讲"计较"二字，人一旦有了计较利益的心思，就会只凭利益来行事。在一开始的时候，还会用"在小的方面不妨有些枉曲，在大的方面必须保持正直"的说法来辩解。到了最后，就大的方面和小的方面都不再计较了，直到做出伤天害理、败坏纲常伦理的事来。简言之，一旦计较利益，眼光就会变得狭隘短浅。第三条，讲"私心"，人如果有偏袒、有私心，那么对于自己应当做的，必然是不能勇敢果决；而对于自己不应当做的，或者犹豫不定以致沉浸其中，而不觉得有什么不对了。第四条，义利之辨，做自己应当做的就是"义"，一旦开始计较得失就是"利"。人如果只有贪欲与私利，就不会有值得推崇的德行，这样说是十分必要的。第五条，不为了什么而去做，所以不会去贪求什么利益，便能在成就自己的同时成就人家、成就事业，人或事都得到适当的安置，因此自然而然无往而不利。

第四部分"亲亲敬长"：

亲亲敬长，虽若出于一人之私，然其所谓仁、所谓义，所以建立人极，纲纪人道，以至于不可胜用者，不过即是心而达之于天下耳。

不仁之人，失其本心，则以物为我，逐物变迁，好恶生于瞬息之间，欣厌起于不旋踵之后。

盖人之骨肉本同一气而生，又非但若人之同类而已。故于心为至亲至切，而行仁必自孝悌始，然后可以推而及民与物也。

未有知爱而不始于亲者，亦未有知敬而不始于兄者。故

第九章　浅草掩真儒

事亲从兄，是良心所发最为切近而精实者也。

人唯有人伦，然后可以与天地并立而为三，此其所以为大也。

第一条讲爱父母敬长辈，虽然好像是出于个人的私心，但是它被称为仁爱、被称为义，也是用来建立纲常、人伦和法纪的，达到极致境界的种种，都不过是这善良之心发扬到了整个世界罢了。如果连爱父母敬长辈的心都没有，那么对其他人与物的爱，恐怕都成问题了。第二条则进一步指出，没有仁爱之心的人，失去了他天生的善心，便会将自己物化，随着外物的变化而变化，喜好和厌恶都在瞬间产生，欣赏和厌烦都在转身间转换。人心是否会变得冷漠，还是要小心。第三条讲"一体之仁"，人类的骨肉至亲，原本都是生于同一血脉，却又不单只是人的同类才会如此。所以在内心极为亲切，那么在施行仁义的时候，必然要从善待父母兄长开始，之后才能推广到万民和万物。第四条，讲仁的扩充，没有明明懂得仁爱却不从父母开始的，也没有明明懂得敬重却不从兄长开始的。所以侍奉双亲、听从兄长，这就是善良的心从身边最为亲切、最为朴实的行为开始生发出来的。第五条，"父子有亲，君臣有义，夫妇有别，长幼有序，朋友有信"，人伦之所以如此重要，是因为人只有遵循了作为人的伦理道德，才能和天、地并立为"三才"。

清康熙四年（1665），黄宗羲与吕留良相约寻访辅广之墓，黄宗羲为辅广作诗并传。

第十章　庶几曾闵徒

宋嘉泰元年（1201），辅广回归崇德，以"传贻"二字名其堂，于是学者称其为"传贻先生"。传贻堂，取"传之先儒，贻之后学"之意，并以"躬行实践，挽回颓风"为教育宗旨。辅氏身后，还有传贻书院，绵延七百余年，留下了诸如文及翁《传贻书院记》等重要诗文。

正因为以传贻书院历代师生为中心的崇德官绅的努力，辅广"羽翼朱子"之功在浙西的影响越来越大，再加之《诗童子问》等阐明朱子学的著作被收入《四库全书》等，故而在晚清孔门从祀之风正盛之际，辅广于光绪五年（1879）十二月初三日从祀孔庙，位次在西庑先儒黄榦之次。当年吕留良的诗说"庶几曾闵徒"，"黄辅"二人作为朱熹的重要弟子，终于都获得了孔门圣贤的地位。

一

辅广死后，"传贻堂"没有废止，而是发展成为"传贻书院"，然后一代又一代接续了七百多年，直到清末的书院改制，成为现代学校的前身。传贻书院当是浙西北一带历史最悠久、延续时间最长的书院之一。

第一，书院的历史沿革。

辅广去世以后，崇德县知县家之柄，十分敬仰辅广的人品学术，为了纪念辅广的讲学活动，应崇德士人的请求，于宋度宗咸淳五年（1269）改"传贻堂"为"传贻书院"。至元《嘉禾志》记载：

> 传贻书院，在县学之西二十步。宋潜庵辅先生广，紫阳门人也，自祠官归隐语溪，题读书堂曰传贻。咸淳五年，县令家之柄建，就扁今名。堂一，曰"本文"。斋二，曰"书味""师传"。朱文公亦祠焉。

崇德县知县家之柄在原传贻堂旧址的基础上，改建传贻书院，就在当时县学的西北侧二十步远的地方。另据光绪《石门县志》记载"在县治东二百四十步"，嘉靖《嘉兴府图记》也记载"传贻书院旧址徙建在儒学桂山后"，也即今崇福镇桐乡市第二人民医院南侧的青阳路边。整个书院名为"传贻书院"，其中的书堂则名"本文"，并增建"书味""师传"两斋，并附设了朱熹的祠堂，因为辅广本是朱熹弟子。还请当时的嘉兴知府文及翁作了一篇《传贻书院记》，以记其事。宋元两代，传贻书院得到了很大的发展，然到了元末，传贻书院毁于战乱。

明代的中前期，官学得到了朝廷的特别重视，而书院的发展则处于低迷期。传贻书院的重建，据光绪《石门县志》记载，已是在嘉靖十三年（1534），知县张守约重建于射圃旧址，占地十亩有余，北侧建尊经阁五间，祭祀朱熹与辅广；阁前建东西斋楼各十二间，又利用旧屋改建东、西讲堂各三间，南侧建门楼五间，洪参藩题额"传贻书院"，邑人姚汝舟、张屿皆作有《传贻书院记》。不久之后，毁于倭寇之乱，废为义仓，后邑人吕希周买地，将义仓迁走。

隆庆年间（1567—1572），邑人胡其久捐资吁请恢复书院，并辑《语溪宗辅录》行世。万历初年（1573—1575），县令蔡贵易主持重建书院，门三间、堂三间，中间专祀辅广。万历二十九年（1601），县令陈允坚得辅广遗像，移来书院，置于堂中。万历三十六年（1608），县令靳一派重建讲堂三间，申请督学，每年取学租银三两，供春秋上戊祭祀之费；并聚师生讲学其中，自为记。辅广裔孙辅重光，建屋于旁，世守祀事。崇祯年间（1628—1644），庠生胡汉阳募款重修。

清代，则是书院逐步官学化的历史时期，据光绪《石门县志》记载，康熙十一年（1672），县令杜森率乡绅重建，未成而卒，县令邝世培续成。乾隆十九年（1754），县令王善樠重葺。道光八年（1828），知县卢崑銮率绅士集资购屋，移建于青阳门内。占地十六亩有余，有院门三间，讲堂三间，后楼五间，供奉辅广的木主于其中；西为客堂、居室、厨房等屋十五间；庭院中间，垒石为山，前有水池，后有百余年银杏一株，大数十围。邑人捐资及田岁取息，供作山长修膳以及生童膏火费用。每月初二，知县在此考课生童；十六日为院课，亦由山长主持。咸丰十年（1860），被太平军所毁。

同治四年（1865），知县杨恩澍重建，规制如前。旧遗田少，以崇文书院及诸善举公产拨入，并增加邑人续捐田亩，以做生童膏火以及膳食费用，书院山长修膳之金改由县里支送。此次传贻书院的公产细目，附录于光绪《石门县志》。同治九年（1870），知县陈谟捐款六百千，存典生息，以补不足。光绪四年（1878），知县余丽元复加厘正，捐款六百千，存典生息，定为常奖，外加给朔、望两日考课生童膏火之费；又恢复扃门课士之旧，并选刻生童文章之佳者若干篇。

光绪二十八年（1902），书院改制，知县林孝恂，将传贻书院改办为"石门县学堂"，聘韩澄总理教务，延揽中日名流担任教课。后因为远在东门，地处偏僻，学生走读不便，县学堂由传贻书院旧址迁入城中太平弄，并于民国元年（1912）改称"石门县高等小学堂"，民国三年（1914）石门县恢复崇德县名，学校改为"崇德县第一高等小学"。同年，杨筱湖在传贻书院旧址创办"崇德县习艺所"，传授藤、竹手工技艺，为崇德县最早的职业学校。传贻书院这所浙北一带最早的学校，正是后来本地中小学教育与职业教育的滥觞。

第二，书院历任山长。

山长即古代书院管理者，历来由德才兼备的儒士所担任。据光绪《石门县志》记载，崇德传贻书院山长的任命始于元至正二十年（1360），再据明成化《杭州府志》、明弘治《句容县志》、清光绪《石门县志》等相关记载，元代曾担任传贻书院山长的有：

徐梦吉，字德符，晚号晓山中人，於潜（今杭州临安）人，以茂才授传贻书院山长，历常熟教授等，著有《琴余杂言》。

俞镇，字伯贞，崇德人，元延祐间乡举第一，任传贻书院山长、建德路知事等，著有《修辞稿》。

阴元恺，字君举，晚号东野先生，崇德人，重厚有文，笃行孝悌，由台州学正改任崇德县传贻书院山长。

朱志道（弘治《嘉兴府志》记载为"朱志学"），字正存，崇德人，元末由儒士辟传贻书院山长，升吴江教授，子朱逢吉，明大理寺丞。

清代曾任传贻书院山长的主要有：

李富孙（1764—1844），字既汸、芗汲，嘉兴人，先后就学于卢文弨、钱大昕、王昶、孙星衍，肄业于诂经精舍，精于经学，其《校经庼自订年谱》记载："七十一岁，主石门传贻书院，正月既望到杭，以《杨园先生年谱》表传。"

姚光晋（1780—1860），字仲瑜，道光五年（1825）举人，著有《瓶山草堂集》，卷四有诗《余主讲石门传贻书院兼长兴箬溪书院》。

谭逢仕，字癖云，石门镇人，同治四年（1865）举人，还曾助县令余丽元纂修《石门县志》。

第三，传贻书院相关文献。

传贻书院历代兴修，分别有文及翁、姚汝舟、张屿、靳一派、蔡献臣、杜森、卢昆銮、谭逢仕作了《书院记》，收录于光绪《石门县志》卷四之中。另有张屿作有《传贻书院诗》等。其中文及翁的《传贻书院记》最为著名，文及翁，字时学，号本心，绵州（今四川绵阳）人，宝祐元年（1253）进士，历任校书郎、著作郎、漳州、袁州知州、资政殿学士、签书枢密院事。咸淳年间（1265—1274）曾任嘉兴知府，晚年又寓居乌程（今浙江湖州）。入元后累征不起，也是一位颇有节操的儒者。他的这篇记文，对辅广其人其学以及传贻书院之意义，做了较为详细的评述，故分四段摘录如下：

有宋受命，肇基立极。艺祖皇帝一日洞开诸门，曰："此如我心，少有邪曲，人皆见之。"识者谓得三圣传心之妙。又一日，问世间何物最大？时元臣对以"道理最大"，识者谓开万世理学之源，猗欤盛哉！自时厥后，天下凡曰"书院"，通经学古之士，彬彬辈出。庆历间，诏州、县皆立学，道化大明，儒风丕振。至濂溪周子建图著书，微显阐幽，明道、伊川二程子实得其传，程门高弟如杨、如游、如尹、如谢，皆天下英才。中原板荡，载道而南，杨、游、尹、谢数子实大有力焉。龟山杨文靖公一传而罗仲素，再传而李延平。朱文公受学于延平，见之《师友问答》，可考也。

开篇回顾了宋学的历史，宋代大臣敢对皇帝说"道理最大"，于是儒者开始兴建书院，不同地域学派的儒学逐渐兴起。周敦颐（濂溪）、二程及其高弟，再到朱熹，代代传续，绵绵不绝。第二段说：

文公门人遍天下，中更伪禁，岁寒松柏，疾风劲草，磨涅而不磷缁者，绝无而仅有。于时潜庵辅公，独立不惧，遁世无闷，自祠官报罢，归隐语溪，题读书之堂曰"传贻"，盖将以传之先儒贻之后学为己任。著书满家，《易》《书》《诗》

《春秋》《礼记》有注释，《大学》《论语》《孟子》《中庸》有问答，《通鉴》有说，《师训》有编，《日新》有录，杂著有稿，袭藏于家。至今语溪之人熏其德而善良，不知其几。祠而奉之，尸而祀之，宜也。

辅广一生，最为重要的就是"传贻"，也即作为朱熹之学传承的重要一环，非常不容易。"岁寒松柏"与"疾风劲草"分别为《论语》与《东观汉记》的典故，"磨涅而不磷缁"则出自《论语》"磨而不磷，涅而不缁"，这些都是在形容辅广在庆元党禁时期的"独立不惧"，能为朱熹之学的传承而不顾自身的危险。然后说到辅广归隐崇德县，修筑传贻堂，"传之先儒，贻之后学"这八字，其实正好反映了辅广为传承朱子学所做的努力。辅广的著述，文及翁也做了介绍，分为"注释""问答""说""编""录""稿"六类。然后说为辅广设立专祠而祭祀，是适宜的。第三段说：

> 尝谓太极一而阴阳分，有阳则有阴，有善则有恶，有君子则有小人。以孔、孟大圣大贤，不免叔孙、臧仓之毁。元祐诸贤而指为奸，元符上书而指为邪，庆元道学而指为伪。呜呼！此未定之天也。乃天者定，人者泯。元祐诸贤、元符上书、庆元道学，至今光明硕大，照耀汗青。一时憸士，遗臭万世。剥烂复反，否极泰亨，君子小人界限，事久论定。此潜庵襃赠之典，日星垂而河汉流也。

关于辅广为何能坚持其"传贻"之精神，因为他坚信太极之道"有阳则有阴",庆元之际道学被指为伪学,其实与元祐、元符之际的党禁一样,最终还是能够"光明硕大,照耀汗青"的,所以必须坚定"君子小人界限"。第四段说:

> 崇德县大夫家之柄,以元祐同门、元符上书故家著闻,诗礼及见典型,洋洋舆论,挺挺祖风,于簿书期会整暇之余,思所以彰善瘅恶,表厥宅里,树之风声,此传贻书堂所由建也。堂成,移书谒记,敢拜手稽首,对扬我朝道学源流之盛,以谂同志,庶学者于善恶之几、正邪之别、义利之判、人心道心之危微、天理人欲之消长,知抉择而定趋向焉。不至为君子之弃、小人之归,其于国家化民成俗之意,岂曰小补之哉!若夫讲席堂规、书粮工筑、创造岁月,详记备载,则有司存。《春秋》之法,常事不书,贤者识其大者而已。咸淳五年阳生十日。

说到崇德县令家之柄兴建传贻书院的贡献,文及翁认为这正是传扬"道学源流之盛",也是让崇德学子明辨"善恶之几,正邪之别,义利之判,人心道心之危微,天理人欲之消长",像辅广一样,能看得高远而知道如何选择,故将讲席堂规之类详细记载,意义重大。

嘉靖十三年(1534)重修传贻书院之时,则有姚汝舟与张屿两人撰写《重立传贻书院记》,先看姚汝舟对辅广的表彰:

> 宋之衰,王路废,伪禁烈,考亭逐,季通贬死,一时及门,屏伏无敢见,甚者诡他师。而潜庵笃信考亭,独立不惧,必

雏所自任,传先贻后,羽翼六经。

姚汝舟,字济卿,崇德人。嘉靖十七年(1538)进士,历任刑部郎中、太平知府等。他认为辅广能够在"一时及门,屏伏无敢见,甚者诡他师"的时候,笃信朱熹而"独立不惧",传承道学之功尤为难得。再看张屿对辅广的表彰:

> 予惟孔子之道,至孟子而失其传,迨晦庵朱子集濂洛诸儒大成,然后有以绍坠绪而振绝学。晦庵之门,有辅汉卿者,独立左袒,道有攸赖,则夫辅氏与朱子道若相当,吾徒均有高山之仰,顾其遗迹所在,孰可轻重视之?朱子有遗迹于庐山,白鹿书院是也;辅氏有遗迹于语溪,传贻书院是也。

张屿(一作玙),字叔美,崇德人,正德十二年(1517)进士,官至南京刑部主事,著有《南溪集》等。其功德坊如今还保存完好,就在县学孔庙的后面,传贻书院旧址的前面。张屿认为辅广"与朱子道若相当",因为朱熹"集濂洛诸儒大成,然后有以绍坠绪而振绝学",而辅广则在朱熹之门"独立左袒,道有攸赖",故而对于学者而言"均有高山之仰",朱熹的遗迹在庐山白鹿洞书院,而辅广的遗迹就在语溪的传贻书院。

另外还有胡其久,可以说是崇德后学之中,堪称最为忠诚的私淑弟子。他在《复传贻书院地记》中说:

> 辅潜庵先生,倜傥大志,搜剔性学,执弟子礼于晦庵门,

更砥砺修省，以敬义自守，阐发濂洛之旨，虽同门知名之士，如黄如李，莫让也。

胡其久，字懋敬，崇德人，隆庆元年（1567）举人，后官至龙岩知县，著有《夷齐考疑》四卷，《四库全书》存目。另有《刍荛子》以及《语溪宗辅录》四卷，参编万历《崇德县志》等。他更看重辅广"砥砺修省，以敬义自守"，也即辅广的道德操守与践履，更值得表彰。至于辅广的传道，认为与黄榦、李燔应是不相上下。其《语溪宗辅录》一书，有时化成《语溪宗辅录》序，收入光绪《石门县志》，其中说：

是录以宗辅为名，其寓意渊矣哉！盖将以辟邪卫正，而翼吾周公、仲尼之正统也。……语溪龙宾胡先生慨正学之久湮，惧邪说之日炽，乃以振复传贻书院为己任。又汇集庆源先生之格言、遗训，而名之曰《宗辅录》。夫庆源之学，得之晦庵朱子，故宗辅所以宗朱也，宗朱所以攻其攻朱者也。然不直宗朱而宗辅，盖语溪一邑中之泽存焉尔。

书名"宗辅"，就是因为胡其久本人"以振复传贻书院为己任"，然后又汇集辅广著作之中可以用作"格言、遗训"的语录，而成为《宗辅录》一书。他们都认为辅广之学得之朱熹，"故宗辅所以宗朱"，先"宗辅"而后"宗朱"，则是因为辅广本为"语溪一邑中之泽存"，通过对辅广这位乡贤之著作的学习，就能够对朱熹乃至周公、孔子等人的学术，把握得更加真切。

另外,还有二人关于传贻书院的诗,值得一读。先是张屿的《传贻书院》:

> 仕优讲学辟崇基,经阁云楼灿陆离。
> 地占青阳溪上胜,人遵白鹿洞中规。
> 五星奎次还看聚,泗水春风再借吹。
> 谁谓海滨邹鲁远,武城中已得吾师。

当时的传贻书院,有阁有楼,颇为壮观,成为青阳溪上的一处胜景,而其中的学子则遵从朱熹《白鹿洞书院学规》,故从辅广而朱熹,正可溯源五星奎聚之道学。最后一句用的是《论语·阳货》的典故:"子之武城,闻弦歌之声。"在张屿看来,海滨之地的崇德县有了传贻书院,也就有了洙泗正学的弦歌之声。再看吴震方《传贻书院家课即事》二首:

> 先贤遗迹委蒿蓬,圣代尊儒礼教崇。
> 俎豆聿新瞻气象,庭庑依旧仰宗风。
> 文章正变千秋共,经术源流一派中。
> 此日同来亲北面,不辞良璞待磨砻。

> 杖履相随孰后先,吾宗长幼并才贤。
> 清和正好联吟席,闲放真宜冷世缘。
> 喜有斯文能接踵,更期绝学共仔肩。
> 为农为圃吾衰矣,倦骨还堪手一编。

吴震方，字青坛、右昭，石门人，康熙十八年（1679）进士，官至监察御史。康熙年间（1662—1722），传贻书院虽较荒废，然而依旧是本地学子瞻仰儒学宗风的圣地，"经术源流一派中"，辅广作为朱子学传承的重要一环，依旧受人尊重。暮年返乡的吴震方，能够在传贻书院里，笑看晚辈的学子联席吟诗、共期绝学传承，也是一桩乐事。

所以说，自从有了传贻书院，桐乡后来才陆续出现了屠甸白社书院、石门绿槐书院、崇福崇文书院、乌镇分水书院、梧桐桐溪书院、濮院翔云书院等，浙西北一带的人文荟萃，让人不得不追念传贻先生辅广。

二

辅广很早就入了崇德县的乡贤祠，到了明代，又有了专门的"四君子祠"。据明正德《嘉兴府志补》卷三载："四君子祠，在邑庠内，明伦堂东，与传贻书院相对，弘治间知县赵希贤立，以祀辅广、鲍恂、朱逢吉、沈贵四君子。"也即到了明代弘治年间（1488—1505），知县赵希贤在县学的明伦堂东侧，为乡贤中的四人设立专祠，祭祀辅广、鲍恂、朱逢吉、沈贵四人。将辅广作为崇德县乡贤之首，地位已经是极高了。当然与获得从祀孔庙的殊荣相比，则入乡贤祠，相差的不是一个等级了。

孔庙，唐代开始因为要与武庙相对，故又称文庙。孔庙原本只是山东曲阜孔氏家族的家庙，后来为了尊孔、祭孔的需要，故在京城也建有孔庙。到了唐太宗贞观四年（630），则下诏全国的州学、县学一律建立孔庙，于是渐渐形成庙、学一体的格局。有了孔庙，祭祀的不能只有孔子一人，于是又有孔庙的从祀制度，也即全国一千多个州县的孔庙，都要有一模一样的从祀制度，故称"万代之典"，从朝廷到地方的士绅自然也都非常重视了。

虽然各州县都有孔庙，然而与一般的寺庙宫观不同，与保佑读书科举的文昌、魁星之类世俗的信仰也不同，孔庙是一个"圣域"，一个神圣的空间，隔着所谓"万仞宫墙"，只有读书人、士大夫才能进来，普通百姓是不能进入的。读书人考中举人、进士之后，需要在孔庙举行"释褐礼"，也即脱去百姓的衣服成为朝廷的人。还有地方官到一州县就任，在没有参拜过孔庙之前，是不准参拜其他神祇的，地方官都要过问孔庙以及县学的事情，诸如主持春秋的释奠礼，等等。他们自然也会对孔庙从祀之中是否有本地乡贤极为关心，清代官绅更是如此。

孔庙从祀一事，当从汉代开始讲起。汉永平十五年（72），汉明帝刘庄在曲阜祭祀孔子，同时也祭祀了孔子的七十二弟子，这是孔门弟子获得从祀的开始，然而当时尚未形成具体的从祀制度。

到了唐代，贞观二十一年（647），唐太宗李世民诏告天下，以左丘明、公羊高等二十二人配享孔庙，这是非孔门弟子的"先儒"获得从祀的开始。其后，历朝历代都有将"先贤"与"先儒"，陆续增添改换的情况，然后渐渐形成具体的从祀制度，一直延续到了民国时期。

孔庙大成殿内的正中供奉的是孔子的塑像或画像、木主，因为孔子被后世尊为"至圣先师""文宣王"，故其塑像、画像大多为头戴十二旒冠冕,身穿十二章王服,手捧镇圭,一如古代帝王礼制。再看具体的配享从祀于孔子的"先贤"与"先儒",则可以分为四配、十二哲、先贤、先儒,共四个等级。

第一等级"四配",位于大成殿内孔子两侧,供奉的也是塑像、画像或木主,从东侧为复圣颜子(颜回)、述圣子思(孔伋),西侧为宗圣曾子(曾参)、亚圣孟子(孟轲)。其中颜回、曾参是孔子的直系弟子,而孔伋则为孔子的孙子,孟轲则为子思的再传之再传,离孔子的年代较远了。

第二等级"十二哲",位于大成殿两边,供奉的也是塑像、画像或木主,然多有"四配"为塑像而"十二哲"仅为木主。东面为闵损(子骞)、冉雍(仲弓)、端木赐(子贡)、仲由(子路)、卜商(子夏)、有若(子若);西面为冉耕(伯牛)、宰予(子我)、冉求(子有)、言偃(子游)、颛孙师(子张)、朱熹(元晦)。其中除了朱熹是宋代人之外,其他都是孔子的直系弟子。康熙帝"尊朱",故有御纂的《朱子全书》,还特意将朱熹的从祀地位从"先儒"直接提升到孔庙大成殿的"十哲"之列,为了大成殿的总人数保持偶数,故又将原本为"先贤"的孔子弟子有若,也一同加入"十哲"之列,于是从康熙朝开始就成了"十二哲"。

第三等级"先贤",七十九人,位于大成殿外的两庑,包括除"四配""十二哲"之外的孔门弟子如澹台灭明、公西赤等人,孟子的弟子公孙丑、万章等人,以及为孔子《春秋》作传的左丘明,再加上在儒学史上享有特殊地位的宋代大儒周敦颐、程颢、程颐、张载、邵雍五人。

第四等级"先儒",七十七人,同样位于大成殿外的两庑,接续于"先贤",包括东周公羊高、穀梁赤,汉代伏胜、高堂生、孔安国、董仲舒、毛苌、杜子春、郑玄、毛亨、后苍、许慎、刘德、赵岐,三国诸葛亮,晋代范宁,隋代王通,唐代韩愈、陆贽,宋代范仲淹、胡瑗、韩琦、司马光、欧阳修、李纲、吕大临、谢良佐、游酢、尹焞、杨时、罗从彦、李侗、胡安国、张栻、吕祖谦、陆九渊、黄榦、陈淳、蔡沈、辅广、袁燮、真德秀、魏了翁、文天祥、陆秀夫、何基、王柏,元代许衡、赵复、陈澔、吴澄、刘因、金履祥、许谦,明代方孝孺、曹端、薛瑄、胡居仁、陈献章、蔡清、王阳明、罗钦顺、吕楠、吕坤、刘宗周、黄道周,清代孙奇逢、黄宗羲、张履祥、陆世仪、顾炎武、王夫之、陆陇其、汤斌、颜元、李塨、张伯行。

之所以详列"先儒",是因为需要呈现以朱熹为主的宋代理学对于中国历史文化的影响。从从祀的人物来看,其中最多的自然还是先秦的,因为孔门弟子占有最大的比例,然后是两汉为孔子的经典进行注疏的儒者,至于魏晋三国、隋唐则只有很少的几个且半数是官员而非学者,接下来人数最多的就是宋元时期,并以二程、朱熹的弟子以及朱熹的再传弟子为主,明、清两代各有十来个,其中也以程朱理学的信奉者为主,陆九渊、王阳明虽能进入但他们的弟子却都不在列了。由此可知,孔庙的从祀,包括了两个中心,一是孔子,另一就是朱熹。然而朱熹的直系弟子却只有黄榦、陈淳、蔡沈、辅广四人,其中蔡沈最早于正统二年(1437)与胡安国、真德秀一起获得从祀;然后是黄榦与陈淳于雍正二年(1724)获得从祀,最后才是光绪五年(1879)的辅广。需要说明的是,朱熹的另一弟子蔡沈之父蔡元定，他获得的从祀则与朱熹的父亲朱松等人一样，是在崇圣祠（启圣祠）。

孔庙从祀制度的完善，其实是从唐代到宋代，此后元、明、清三代接续并且将地方上的名儒从乡贤祠推到孔庙从祀，各个地方士绅的热情越来越高，以至于清代需要再三制定制度。据光绪《桐乡县志》涉及辅广从祀的奏疏之中所引文献可知，咸丰十年（1860）的《从祀章程》规定：

> 从祀文庙，应以阐明圣学、传授道统为断，应请嗣后除著书立说羽翼经传，真能实践躬行者，准各督抚胪列事实，奏请从祀外，其余概不得滥请从祀文庙，以示区别，并请纂入则例，永远遵行。

由此可知，清代特别强调"阐明圣学、传授道统"这八个字，具体则还强调既要有"著书立说羽翼经传"，又要有"实践躬行"，若不能达到这些要求则"不得滥请从祀文庙"。到了同治二年（1863）又有补充说：

> 其忠义激烈者，入祀昭忠祠；言行端方者，入祀乡贤祠；以道事君，泽及民庶者，入祀名宦祠，概不得滥请从祀文庙，以示区别。特恐各省官绅，未能深悉历次所奉谕旨，纷纷陈请从祀，殊非慎重之道，请饬下各直省督抚学政，恪遵定章，不得援案，率行陈请。
>
> 如为文庙中必应从祀之先贤先儒，方准该督抚会同学政

详加考核，奏明请旨，并将钦定书籍中引用若干条、论赞若干条，先儒书籍中引用若干条、论赞若干条，一并详细造册送部，由礼部会同大学士、九卿、国子监议奏。

"忠义激烈"而值得表彰的，可以入祀昭忠祠；"言行端方"而值得表彰的，可以入祀乡贤祠；"以道事君，泽及民庶"而值得表彰的，可以入祀名宦祠，也就将这三种情形与从祀孔庙区别开来。也就是说，从祀孔庙是比昭忠祠、乡贤祠、名宦祠更高档次的，因为前三者都还是地方性的祭祀对象，而孔庙则是全国性的祭祀对象，所以"各省官绅"才会"纷纷陈请"。礼部官员站在国家层面来看，陈请过多"殊非慎重之道"，所以一再申饬其恪遵定章。具体的制度是，第一，由各省的督抚，会同学政"详加考核"，选择"必应从祀之先贤先儒"；第二，以"钦定书籍"与"先儒书籍"为准来看其是否属于"阐明圣学、传授道统"之人；第三，"详细造册"之后送礼部，再会同大学士、九卿、国子监一起议奏。前二者属于地方官绅的工作，获选送的机会还比较大，后者需要多部门的官员议论表决，最后能胜出的机会就比较小了，比如湖南官绅最为推崇的王夫之，就是礼部议论了许多年，方才最终在光绪三十四年（1908）获得从祀。

再看辅广的从祀，本是浙江嘉兴官绅的重大文化事件。在辅广之前获得从祀的有三人：一是雍正二年（1724）平湖人、清初大儒陆陇其；二是道光六年（1826）嘉兴人、唐代名臣陆贽；三是同治十年（1871）桐乡人、清初大儒张履祥。这三人纷纷获得从祀的殊荣，对于当时石门县的官绅来说，也是一种巨大的刺激，故而辅广从祀一事，也就渐渐引起官绅的重视。

据浙江巡抚梅启照《题请宋儒辅广从祀文庙》的奏疏来看，当时石门县引领此事的官绅为刑部主事徐宝谦。徐宝谦（1817—1897），字子牧、子尊，号亚陶、迂匋，石门人，光绪庚辰（1880）进士，历任贵州司主事、刑部郎中、庐州知府，归里后就主讲于传贻书院，他有两个孙女较为有名，一是徐自华（1873—1935），著名诗人，曾冒险安葬秋瑾（1875—1907）于西泠桥畔；一是徐蕴华（1884—1962），秋瑾弟子，曾在崇德创办女校，还曾任传贻书院转制而成的崇德县第一高等小学校长。徐宝谦对辅广评价如下：

> 少从吕东莱游，后师事朱子，与黄文肃齐名。伪学禁兴，卫道甚力，《朱子文集》载前后七书，讲学论道，期望甚深。朱子殁，与真文忠、魏文靖讲易于渠阳山中，文靖复传其学于鹤山。平生师友渊源，极一时之选。晚辞辟命，主崇德学事，匾其堂曰"传贻"，遁世无闷，著作等身，实朱门黄、陈、二蔡之俦。

徐宝谦特别强调的就是"卫道"二字，其一，强调辅广为朱熹重要弟子，与黄榦（文肃）齐名，《朱子文集》收书信七通，朱熹对辅广"期望甚深"；其二，强调辅广传承朱子学之功，朱熹去世后辅广又与真德秀、魏了翁一同讲学，魏了翁又传辅广之学于四川的鹤山书院；其三，强调晚年传道与著述，任崇德县学主学，讲学传贻堂，以及著作等身。最后指出，辅广比起已获从祀孔庙的黄榦、陈淳、蔡沈、蔡元定，当是不相上下。这些理由确实足够充分。石门县令余丽元曾为传贻书院捐款、完善考课制度，其陈述大体与徐宝谦相似，然后特别强调辅广在庆元党禁时期表现出来的节操：

> 值伪学厉禁之秋，独立不惧，遁世无闷。其卫道也，操贤者所难操，坚忍不动；其入德也，味众人之不味，声色弗移。著述足以发明经传……前承鹿洞，后启鹤山，师友渊源，道学攸赖，似与阐明圣学、传授道统之谕旨，若合符节。

"卫道"之难，就在"操贤者所难操，坚忍不动；味众人之不味，声色弗移"。至于道统传承，关键在于"前承鹿洞，后启鹤山"八字，也即在朱熹、魏了翁之间，辅广的贡献是承上启下。此外，时任嘉兴知府的许瑶光奏明，除了复述徐宝谦、余丽元的观点之外，还补充了礼部要求的"钦定书籍中引用"等信息：

> 所著《诗传童子问》《晦庵先生语录》《朱子读书法》三种，俱收入《钦定四库全书》，《钦定诗经传说汇纂》引用辅氏说五百八十八条，《钦定仪礼义疏》引用一条，《钦定礼记义疏》引用八十九条，先儒如当湖陆氏、金坛王氏、都梁李氏书籍，引用不下一千七百余条。魏了翁尝以所闻于辅氏者授徒，士争负笈从之，真德秀谓广所论是非成败无一语勿验，尊闻行知，觉世牖民，有功于圣教甚大。

辅广"有功于圣教甚大",一是其本人以及编辑的著作,被收入《钦定四库全书》的有三种;二是被《钦定诗经传说汇纂》等引用的条数也足够多,被先儒如陆陇其(当湖陆氏)的《三鱼堂四书大全》、王步青(金坛王氏)的《四书本义汇参》、李沛霖与李祯(都梁李氏)的《四书朱子异同条辨》引用也足够多,而这三种书已被《四库全书》所收入,故亦有"钦定"之意。另外,还突显魏了翁为辅广之弟子,以及真德秀对辅广的称赞之词。最后,浙江巡抚梅启照说辅广:"受学紫阳,齐名黄榦。荣辞征召,非遁世以鸣高;居号传贻,实开来而继往。"于是先由布政司任道镕呈上辅广从祀孔庙的奏疏与"事实册",再由梅启照会同浙闽总督臣何璟、浙江学政臣黄倬"合词具题",上奏礼部。礼部于光绪四年(1878)十一月二十六日,奉旨议奏,一则审核相关制度,一则审核"事实册"等相关材料。比如从《钦定四库全书提要》中考证发现辅广:于《朱子读书法》《朱子语录》,谓"俾新安之学有所考证";于《诗传童子问》,则称其"羽翼集传"。还有考证《朱子文集》暨《弘简录》辅广本传,并《宋史》及宋、明人各传记所载。最后,"公同商酌,拟如该抚所请,准以宋儒辅广从祀文庙,其位次应在西庑先儒黄榦之次"(亦有记载辅广位于东庑的),于光绪五年(1879)十二月初三日奉旨从祀。

辅广从祀孔庙一事,刊行于光绪五年(1879)仲夏的《石门县志》卷八《人物志》之辅广传,还来不及浓墨重彩加以记述,仅在最后说"光绪四年,余令丽元详请从祀文庙,尚待大吏之会题"。等到光绪十三年(1887)刊行的《桐乡县志》,编者严辰(1822—1893)对辅广、张履祥二人特别表彰,故在该书卷

十三《人物志上》之中特设"两庑先儒"一门,严辰说:

> 石门申请辅传贻先生从祀两庑,辅虽宋人,籍隶崇德,而所居永新乡,实在桐境,故旧志《人物传》首列之。……因仿于志,特列"两庑先儒"一门于《人物志》之首,而传后备载从祀文字。

严辰指出,辅广虽然"籍隶崇德",但辅氏(后人)所居的永新乡则在桐乡县境内,所以桐乡县的旧方志也都首列辅广之传,因此光绪《桐乡县志》之《人物志上·两庑先儒》也就可以名正言顺地"备载"辅广相关从祀文字了。

当年石门县如何举行辅广从祀孔庙的盛典,相关记载不详。若参考同治十年(1871)张履祥的从祀,当是遍告石门县的士大夫及书院学生齐聚县城,然后由传贻书院恭奉辅广的神位,公送到孔庙之内。先在大成门设一小几,再恭奉神位面北上朝至圣先师。官绅恭代行礼,然后将木主供奉于西庑,公同致祭,礼成。若说辅广之从祀对于地方士人的影响,也可以参考严辰的话:"可存'舜何人也,予何人也'之想,既不能俎豆千秋,亦必有可不朽于一乡者矣。"读书学习,若一定要考中状元、当上宰相,限于各自的命数,不一定能够实现;如果想要学习辅广或者张履祥,这两位"布衣"而"圣贤"的儒者,笃实著述与践履,那么即使不能获得从祀的尊荣,也能在乡里之间为后人所缅怀。

清光绪六年（1880），辅广从祀孔庙，成为历代最受尊崇的七十七先儒之一。

附录

年表

938年,后晋天福三年,戊戌。吴越国析杭州嘉兴县西南的崇德、南津、语儿、千乘、积善、石门、募化七个乡,设立崇德县。

1077年,北宋熙宁十年,丁巳。嘉兴县梧桐、千金、永新、清风、保宁五乡划入崇德县。

1107年,大观元年,丁亥。辅广之父辅逵约出生于此年。

1127年,靖康二年,丁未。时任军职的辅逵,与韩京等人从庆源府(今河北赵县)带兵逃出,归于韩世忠部。

1129年,南宋建炎三年,己酉。正月二十七日,韩世忠兵溃沭阳,辅逵部数百人无所隶属,扰于淮河之南北,渐有数千人之众。攻陷涟水军后,投降于淮南招抚使王燮。

1130年,建炎四年,庚戌。九月十五日,朱熹出生。

1135年,绍兴五年,乙卯。辅逵部重新归于韩世忠部。三月,随张浚、岳飞往湖南平定杨幺之乱。蔡元定出生。

1137年,绍兴七年,丁巳。辅逵改隶于杨沂中部,任殿前司忠勇军统制、拱卫大夫、贵州防御使。二月十七日,吕祖谦出生。

1141年，绍兴十一年，辛酉。二月，宋金柘皋之战，时任殿前司忠勇军统制的辅逵，英勇杀敌，眼睛中箭。

1143年，绍兴十三年，癸亥。二月，辅逵任江南东路马步军副总管。朱熹之父朱松逝世。朱熹遵父命，师事武夷三先生刘子翚、刘勉之、胡宪。

1145年，绍兴十五年，乙丑。辅广约于是年生于临安的军营中。

1146年，绍兴十六年，丙寅。吕祖俭生。

1147年，绍兴十七年，丁卯。朱熹作《诸家祭礼考编》，考中建州乡贡。

1148年，绍兴十八年，戊辰。朱熹省试中举，殿试又中第五甲第九十名，赐同进士出身。

1151年，绍兴二十一年，辛未。朱熹于临安铨试中等，授左迪功郎、泉州同安县主簿。

1152年，绍兴二十二年，壬申。与辅广并称"黄辅"的黄榦出生。

1155年，绍兴二十五年，乙亥。朱熹奉檄调旁郡，于福建候职。吕祖谦之父吕大器为福建提刑司干官，吕祖谦随侍其父之侧。朱熹与吕祖谦初次相见。

1156年，绍兴二十六年，丙子。朱熹始作《孟子集解》。吕祖谦应福建转运司进士举，为首选。

1157年，绍兴二十七年，丁丑。朱熹作《论语》笔札十篇，即《论语要义》和《论语精义》之稿本。吕祖谦诠试，中下等第三名，授迪功郎，监南岳庙。

1159年，绍兴二十九年，己卯。朱熹始作《诗集解》，《论语集解》初稿成，校订《谢上蔡语录》。陈淳出生。

1160年，绍兴三十年，庚辰。朱熹《孟子集解》初稿成，校订周敦颐《通书》。朱熹正式拜师延平李侗。吕祖谦诠试，中上等第二名。

1161年，绍兴三十一年，辛巳。赵密接替杨沂中，任殿前司都指挥使。吕祖谦授严州桐庐县尉，未赴任。

1162年，绍兴三十二年，壬午。辅逵升任殿前司前军统制。高宗内禅，孝宗即位，下诏征求臣民意见。朱熹应诏上封事，力陈反和主战、反佛崇儒，详陈讲学明理、定计恢复、任贤修政等意见。吕祖谦因漕台之试，与陈亮初次相见。

1163年，隆兴元年，癸未。朱熹至临安，与张栻初次相见，讨论主战用兵。孝宗召见，朱熹入对垂拱殿。朱熹有书信致吕祖谦论学。朱熹因与时论不合，辞去所授国子监武学博士之职，请祠归崇安。途经金华与吕祖谦会晤，停留数日。朱熹《诗集解》初稿成，编《延平答问》。朱熹之师李侗逝世于福州。吕祖谦礼部春试，中第六名，赐进士及第，又中博学宏词科，因连中两科，特授左从政郎，改差南外敦宗院宗学教授。

1164年，隆兴二年，甲申。辅逵约于是年改任后军统制。朱熹至延平哭祭李侗。作《杂学辨》。张栻之父张浚逝世。张栻扶柩归长沙，途经豫章，朱熹登舟哭祭，又送张栻至丰城，相聚三日。

1165年，乾道元年，乙酉。辅逵出任边郡泰州知州。子视兵民，爱惜财赋，泰州大治。辅广约于是年，以父恩授保义郎，后转忠训郎。朱熹编《困学恐闻》。赴临安任武学博士，又改差监南岳庙。

1166年，乾道二年，丙戌。朱熹修订《孟子集解》，《论语要义》刻版，校订《二程先生文集》，编订《张载集》《二程语录》。

1167年，乾道三年，丁亥。朱熹邀吕祖谦编史，并作编史条例。朱熹携林用中等往长沙访张栻，二人讨论《中庸》之旨。朱张及诸门人等往游南岳。朱熹于岳麓书院讲学两月。朱熹除枢密院编修。吕祖谦开讲于浙江明招山，叶适来此从学。蔡元定之次子蔡沈出生。

1168年，乾道四年，戊子。朱熹校订二程著作《遗书》《外书》《文集》和《经说》四书及程氏《易传》。张栻作《孟子说》，朱熹与张栻书信讨论"未发之中"。吕祖谦为诸生讲《左传》以资课试，有《左氏博议》。

1169年，乾道五年，己丑。朱熹顿悟"中和新说"，编成《祭仪》。吕祖谦除太学博士，待次，以例补外，添差严州学教授。张栻与吕祖谦初次相见，张栻为吕祖谦《阃范》作序。吕祖谦委托专人致书朱熹，向朱熹求取《伊川易传》付梓，校订后刻版。

1170年，乾道六年，庚寅。辅广约于是年于临安，从游吕祖谦。朱熹建寒泉精舍。《太极图说解》《西铭解》初稿成。吕祖谦以太学博士试国史院编修、实录院检讨。吕祖谦编订《阃范》并刻版。朱熹、张栻和吕祖谦共论《胡子知言》。

1171年，乾道七年，辛卯。朱熹作《记谢上蔡论语疑义》，《孟子集解》定稿，《大学章句》初稿成，编订《知言疑义》。吕祖谦除秘书省正字，兼试国史院编修、实录院检讨。吕祖谦第二任妻子韩螺逝世,朱熹致书吕祖谦,吊其妻丧。陆九渊至临安应试,与吕祖谦初次相见。

1172年,乾道八年,壬辰。朱熹《论孟精义》定稿并刻版,《资治通鉴纲目》初稿成,《八朝名臣言行录》定稿并刻版,《西铭解义》定稿,《大学章句》《中庸章句》初稿成。朱熹与张栻讨论《洙泗言仁录》,并作《仁说》。吕祖谦任为省试考官。吕祖谦父吕大器逝世,与朱熹讨论祭礼。

1173年,乾道九年,癸巳。朱熹遣长子朱塾至婺州吕祖谦处就读。朱熹作《六先生画像赞》,编订《太极图说解》《通书解》《程氏外书》,《伊洛渊源录》初稿成。张栻在朱熹、吕祖谦等建议下,改定《洙泗言仁录》,并作《书说》《诗说》《论语说》《孟子说》等。吕祖谦为诸生讲《尚书》,有《癸巳手笔》;致书朱熹,讨论其《五朝名臣言行录》多处可商榷。

1174年,淳熙元年,甲午。辅逵约于是年之后定居崇德县南津乡孝义里的晚村,不久之后去世。有子四人,分别为辅廉字清卿、辅广字汉卿、辅庠字周卿、辅庚(一作康)字安卿。朱熹编订《大学》《中庸》新本并刻版。编《古今家祭礼》。吕祖谦父丧服除,作《左氏手记》,始编《读诗记》,复官主管台州崇道观。任前陆九渊来访,论学多日。

1175年,淳熙二年,乙未。朱熹因故爽约,不能来金华,吕祖谦访朱熹于寒泉精舍,相聚约一个半月。其间共编《近思录》,删节《程氏遗书》。朱熹编订《阴符经考异》,《祭仪》定稿,《家礼》初稿成。吕祖谦与朱熹抵达江西鹅湖寺,邀陆九龄、陆九渊兄弟会讲。

1176年，淳熙三年，丙申。吕祖谦与朱熹会于衢州。吕祖谦升任秘书省秘书郎，兼国史院编修、实录院检讨，奉命重修《徽宗实录》。

1177年，淳熙四年，丁酉。朱熹《论语集注》《孟子集注》《诗集解》定稿，编订《论语或问》《孟子或问》。吕祖谦以《徽宗实录》有劳，转承议郎，罢检讨，仍兼史职。

1178年，淳熙五年，戊戌。差朱熹知南康军，两辞。吕祖谦任殿试考官，又兼权礼部郎官，《吕氏祭仪》定稿。魏了翁、真德秀出生。

1179年，淳熙六年，己亥。朱熹知南康军，重建白鹿洞书院，立周敦颐祠，以二程先生配享。朱熹《诗集传》初稿成。吕祖谦因编类《文海》，除直秘阁。《圣宋文海》修成，呈孝宗，赐名《皇朝文鉴》。吕祖谦《吕氏家塾读诗记》初稿成。

1180年，淳熙七年，庚子。辅逵约于是年前后去世。朱熹亲自修订白鹿洞学规。朱熹修订《语孟精义》，改名为《语孟要义》并刻版。吕祖谦开始建立家庙，并修《宗法》及《祭礼》，又修《吕氏家塾读诗记》，始编《大事记》。张栻逝世，吕祖谦、朱熹均有祭文。

1181年，淳熙八年，辛丑。陆九渊来南康访朱熹，并讲学于白鹿洞书院。浙东大饥，朱熹因为在南康救荒有方，为宰相王淮荐，提举江南西路常平茶盐公事。七月二十九日，吕祖谦逝世，朱熹亲作祭文。

1182年，淳熙九年，壬寅。朱熹在浙东任上，弹劾前知台州唐仲友不法。将《大学章句》《中庸章句》《论语集注》《孟子集注》合为一编并刻版，是为《四书章句集注》。

1183年，淳熙十年，癸卯。朱熹于武夷山五曲大隐屏下兴建武夷精舍，广收门徒。《资治通鉴纲目》定稿。

1184年，淳熙十一年，甲辰。朱熹刊刻吕祖谦《大事记》，编订《张南轩文集》，作吕祖谦、张栻二人画像赞。《诗集传》定稿。

1185年，淳熙十二年，乙巳。朱熹与陈亮等人展开王霸义利之辩，着力批评浙学弊端。

1187年，淳熙十四年，丁未。朱熹除提点江西刑狱公事。作《小学》。辅广弟子郑寀生。

1188年，淳熙十五年，戊申。朱熹除直宝文阁，主管西京崇福宫。又除主管西太乙宫兼崇政殿说书。《周易本义》定稿。

1189年，淳熙十六年，己酉。朱熹受诏知漳州。改定《大学章句》《中庸章句》，编成《大学或问》《中庸或问》。

1190年，绍熙元年，庚戌。朱熹到漳州赴任，施政变革，尤以正经界为先，可惜最终未能实行。

1191年，绍熙二年，辛亥。朱熹除秘阁修撰，主管南京鸿庆宫。迁居建阳考亭。

1192年，绍熙三年，壬子。陈亮来访。陆九渊逝世，朱熹率弟子临丧哭之。修订《四书集注》，编成《孟子要略》。《晦庵先生文集》刻版。

1193年，绍熙四年，癸丑。朱熹除知潭州，兼荆湖南路安抚使。

1194年，绍熙五年，甲寅。辅广于是年十月、闰十月间问学于朱熹。朱熹赴任潭州，招抚瑶民，督吏治，敦民风，广教化，并扩建岳麓书院。六月，太上皇去世，宋光宗有疾不能主丧，

传位于宋宁宗。十月,朱熹除焕章阁待制兼侍讲,奉诏进讲《大学》,十月二日入国门,后被迫出京,诏除秘阁修撰,提举南京鸿庆宫。闰十月二十六日辞行,十一月,回建阳考亭,筑竹林精舍,后更名为沧洲精舍。辅广于是年十月问学于朱熹。

1195年,庆元元年,乙卯。是年朱熹有二通书信答辅广问。朱熹协助吕祖俭编订《吕祖谦文集》。

1196年,庆元二年,丙辰。是年十月至次年正月,辅广与堂弟辅万前往武夷山南麓建阳考亭沧洲精舍问学,并记下问答语录四百多条,涉及"诚敬""着实做工夫""求放心"等问题及《四书》等经典,后被收入《朱子语类》。朱熹答吕祖俭的书信提及辅广等人在精舍问学。二月,赵汝愚罢相,出知福州,再贬衡州。十二月,朱熹被落职罢祠;沈继祖捏造朱熹"十大罪状",并被诬为伪学,《四书集注》与《语录》遭禁毁;《周易参同契考异》初稿成,编订《仪礼经传通解》。

1197年,庆元三年,丁巳。正月,蔡元定编管道州,辅广占卦得"小过",知其有危险,后与朱熹以及同门前往送行;辅广辞别朱熹返回临安,朱熹与之讨论"顿段工夫"。朱熹答黄榦书信也提及辅广在精舍近三个月。是年朱熹有二通书信答辅广问。赵汝愚去世。朝廷置《伪学逆党籍》,朱熹列榜单第五名。朱熹作《韩文考异》。

1198年,庆元四年,戊午。朱熹申具建宁府,乞保明申奏致仕。作《书集传》《楚辞集注》。蔡元定病死于道州。

1199年,庆元五年,己未。是年朱熹有四通书信答辅广问。约十一月前后,辅广再次来到沧洲精舍问学,记有"前年侍坐,所闻似与今别"等语录。朱熹有旨守朝奉大夫致仕，作《谢致仕表》，寄给辅广等人并吩咐协助料理相关事宜。朱熹作《楚辞辩正》。

1200年，庆元六年，庚申。朱熹作《楚辞音考》《楚辞后语》。三月初九日，朱熹逝世；十一月二十日，蔡沈主丧役，黄榦主丧礼，安葬于建阳唐石里后塘九峰山下。吕祖俭去世。

1202年，嘉泰二年，壬戌。黄榦于是年十二月赴任崇德县管理石门酒库，有《嘉兴道间二首》《石门》《石门酒器五铭》等诗作；约在此年之前有《复辅汉卿主管书》，与辅广论辩性之善恶。

1204年，嘉泰四年，甲子。魏了翁于是年问学于辅广。是年冬，黄榦权管新市、乌青二酒库。三月，辛弃疾任镇江知府，途经石门，看望黄榦。

1205年，开禧元年，乙丑。魏了翁邀辅广、李方子同看朱熹著作，相与论学。黄榦仍在崇德县石门酒库任上，有《甲子语溪闵雨四首》《喜雨用前韵》等诗作。

1206年，开禧二年，丙寅。韩侂胄主持北伐金国，失败。魏了翁外补赴任嘉定府（今四川乐山），辅广将所藏朱熹著作全数赠与，后魏了翁以此讲学于鹤山书院，从而将朱子学传入四川。二月，黄榦改任临川县令，离开崇德县。为纪念黄榦，明嘉靖四十二年（1563）石门镇玄真庙西建有勉斋书院，徐师曾撰写《桐乡县石门镇新建勉斋书院碑铭》。

1207年，开禧三年，丁卯。宋金议和，方信孺奉使未成，欲派遣辅广，辅广以年老推辞，举王楠自代。十一月，韩侂胄被罢免平章军国事,杨皇后及史弥远、钱象祖等合谋槌杀韩侂胄,送其头至金国,和议成。

1208年,嘉定元年,戊辰。二月,追复赵汝愚为观文殿大学士,谥"忠定"。真德秀于是年与辅广相识,认为辅广容止气象不类东南人物。辅广因卫道扶世而被推荐入仕,力辞,止食祠禄。辅广有上政府书一通,后被弹劾,于是归隐语溪,居住在崇德县城东,筑传贻堂讲学授徒,同时担任崇德县学主学。辅广之子辅大章考中进士,后任武冈县令。

1209年,嘉定二年,己巳。十二月,赐朱熹谥"文",后来常说的"朱文公",即起于此。

1212年,嘉定五年,癸酉。朱熹弟子、国子司业刘爚奏请将朱熹《论语集注》《孟子集注》立为官学获准。

1215年,嘉定八年,乙亥。李道传将廖德明、辅广等三十三位朱子门人所记朱熹问答语录,委托潘时举和叶贺孙整理,编为《朱子语录》四十三卷,后称"池录"。

1221年,嘉定十四年,辛巳。黄榦完成《朱侍讲行状》,不久后去世。

1223年,嘉定十六年,癸未。陈淳去世。

1225年,宝庆元年,乙酉。辅广约于是年前后去世。

1227年,宝庆三年,丁亥。正月。宋理宗下诏,特赠朱熹"太师",追封"信国公"。

1228年,绍定元年,戊子。五月,池州知州赵范,约辅广之子辅叔章等人,在池州名胜齐山欢宴。

1229年,绍定二年,己丑。改封朱熹为"徽国公"。

1230年,绍定三年,庚寅。蔡沈去世。

1235年,端平二年,乙未。真德秀去世。

1237年,嘉熙元年,丁酉。魏了翁去世。

1241年,淳祐元年,辛丑。朱熹从祀孔庙。

1249年,淳祐九年,己酉。辅广弟子郑寀去世。

1253年,宝祐元年,癸丑。辅广弟子朱鹏飞考中进士,后任高邮教授,此前曾协助知县黄元直编撰《语溪志》。

1261年,景定二年,辛酉。吕祖谦从祀孔庙。

1262年,景定三年,壬戌。五月二十八日,辅广弟子董槐去世。

1269年,咸淳五年,己巳。县令家之柄改"传贻堂"为"传贻书院",元末书院毁于战乱。

1437年,明正统二年,丁巳。胡安国、真德秀、蔡沈从祀孔庙。

1534年,嘉靖十三年,甲午。知县张守约重建传贻书院于射圃旧址,后毁于倭寇之乱,废为义仓。

1573年,万历元年,癸酉。县令蔡贵易主持重建传贻书院,门三间、堂三间,中间特祀辅广。

1608年,万历三十六年,戊申。县令靳一派重建讲堂三间,申请督学,每年取学租银三两,供春秋上戊祭祀之费。

1665年,清康熙四年,乙巳。黄宗羲、吕留良、黄宗炎、万斯选、吴之振、吴尔尧共同拜谒辅广墓,黄宗羲作有《拜辅潜庵先生墓》《辅潜庵传》,吕留良作有《同德冰晦木孟举自牧谒辅潜庵先生墓》。

1672年,康熙十一年,壬子。县令杜森及县令邝世培重建传贻书院。

1724年，雍正二年，甲辰。黄榦、陈淳、魏了翁以及平湖人陆陇其，从祀孔庙。

1754年，乾隆十九年，甲戌。县令王善榟重修传贻书院。

1815年，嘉庆二十年，乙亥。十月，崇文书院司事整修辅广墓，丈量勒石，树碑"宋儒辅潜庵先生之墓"。

1826年，道光六年，丙戌。陆贽从祀孔庙。

1828年，道光八年，戊子。知县卢昆銮移建传贻书院于青阳门内，占地十六亩有余，有院门三间，讲堂三间，后楼五间，供奉辅广的木主于其中；邑人捐资及田岁取息，供作山长修膳以及生童膏火费用。咸丰十年（1860），被太平军所毁。

1865年，同治四年，乙丑。知县杨恩澍重建传贻书院，规制如前。以崇文书院及诸善举公产拨入，并增加邑人续捐田亩，以做生童膏火以及膳食费用，书院山长修膳之金改由县里支送。

1867年，同治六年，丁卯。知县杨恩澍捐俸四十千文，作为维修辅广墓经费。

1871年，同治十年，辛未。桐乡人张履祥从祀孔庙。

1878年，光绪四年，戊寅。知县余丽元复加厘正，捐款六百千，存典生息，定为常奖，外加给朔、望两日考课生童膏火之费；又恢复扃门课士之旧，并选刻生童文章之佳者若干篇。

1879年，光绪五年，己卯。十二月初三日，辅广从祀孔庙，位次在西庑先儒黄榦之次。

1902年，光绪二十八年，辛丑。书院改制，知县林孝恂，将传贻书院改办为"石门县学堂"，聘韩澄总理教务，延揽中日名流任教。

1914年,民国三年,癸丑。石门县恢复崇德县名,已迁入太平弄的石门县学堂改名为"崇德县第一高等小学"。同年,杨筱湖在传贻书院旧址创办"崇德县习艺所",传授藤、竹手工技艺,为崇德县最早的职业学校。

小传

宋辅广,字汉卿,号潜庵。父逵,本河朔人,高宗南渡时居是邑。公素不愿仕,潜心实学,从吕成公游,后登朱文公门。自辞官归隐,以著书为己任,有《六经注释》《四书问答》《通鉴说》《师训编》《日新录》,杂著稿,皆藏于家。匾其堂曰"传贻",盖"传之先儒,以贻后学"也。邑大夫家之柄,为建传贻书院。

单庆、徐硕:至元《嘉禾志》卷十三

辅广,字汉卿,崇德人。淳谨勒恪,少读濂、洛书,慨然愿学。从吕祖谦游,复师事朱熹,与黄榦并称。伪学禁兴,蔡元定贬死,广独侍熹不去。入京师,居太学南,集同志讲学不辍,坚忍笃信,终始不渝。主崇德学事,以师友渊源倡率其徒,尝扁其堂曰传贻,学者称传贻先生。所著有《论孟答问》《六经集解》《诗传童子问》《通鉴集义》《日新》,杂文。子大章举进士。

徐象梅:《两浙名贤录》卷三

辅广,字汉卿。其先庆源人,父逵,流寓崇德,生广。少读周、程诸书,默契诸心,从东莱吕祖谦游,益大奋发。东莱没,执弟子礼于朱文公门,深爱重之。既别,书问讲学不绝。文及翁《传贻书院记》:"文公门人遍天下,中更伪禁,岁寒松柏,疾风劲草,磨涅而不磷缁者,绝无而仅有。"于时潜庵辅公独立不惧,遁世无闷,盖将以传之先儒,贻之后学为己任,《易》《书》《诗》《春秋》《礼记》有注释,《大学》《论语》《孟子》《中庸》有问答,《通鉴》有说,《师训》有编,《日新》有录,杂著有稿,袭藏于家。

李卫、嵇曾筠:雍正《浙江通志》卷一百七十五

辅广,字汉卿,庆源人。父逵,流寓崇德。广少倜傥,有大志,读濂、洛诸书,默契于心,慨然愿学。初从吕祖谦游。祖谦没,执弟子礼于朱熹之门,更大奋发,益思俯焉以尽其力,熹深爱重之。书问讲学不绝,熹常称之曰:"身在都城声利场中,而能闭门自守,味众人之所不味者,汉卿一人而已。"与黄榦相友善,故时称"黄辅"。迨伪学禁兴,学者解散,广独不为动,鬻产侍于考亭,虽熹亦自料恐坚忍者少,吾道将绝。广乃以身试祸,志不少屈。入京,居太学之南,以道自任,与同志之士质疑问难,户外屦常满。熹叹曰:"当此时,立得脚定者,可谓难得,又况更向上事耶?"嘉定更化,用事者始荐之入仕,广力辞,止食祠禄。后二十年,真德秀谓广所论是非成败无一语弗验。尝主崇德学事,以躬行倡率其徒,学者称为传贻先生。所著有《论孟答问》《六经集解》《通鉴集义》《四书纂疏》《诗传童子问》,卒奉祀邑庠。

邵经邦:《弘简录》卷一百七十八

乙巳岁,余拜辅汉卿先生之墓于崇德,退而考于邑志,及其邑人所作《宗辅录》,皆不能详,且多错误。故以其间出他书者,为《辅潜庵传》。

辅先生广,字汉卿,号潜庵,其先赵州庆源人也。父逵,字彦达,南渡,隶杨和王沂中麾下,累立战功。官至左武大夫、邵州防御使,知泰州。归老崇德之晚村,遂为崇德人。泰州四子,

廉字清卿，庠字周卿，庚字安卿，先生其仲也。

先生生于军中，以父恩授保义郎，转忠训郎，漕举四试不第。始从吕成公游。已至武夷，问学于朱文公，留三月而后返。秋塘陈善有诗送之云："闻说平生辅汉卿，武夷山下啜残羹。"言其用志坚苦也。伪学禁严，学徒多避去，先生不为动。文公曰："当此时立得脚定者甚难，唯汉卿风力稍劲。"

开禧议和，方信孺奉使未成，欲遣先生。辞以考亭诸生老不称使，举王楠自代。与魏文靖公友善，每相过，必出文公言语文字，雒诵移晷而去。文靖外补，先生以其生平所得于文公者尽畀之。

先生容止气象，不类东南人物，达官贵人稍有过举，即正色规戒。嘉定初，上政府书，反复于是非成败之际。政府不悦，授意言官劾之，奉祠而归。

筑传贻书院，教授学者。所著有《语孟注童子问》《诗传童子问》《尚书集解》。卒，赠朝奉郎。夫人蒋氏，子四人：大章，戊辰进士第，迪功郎；仲章，乡贡进士；叔章，秉义郎；季章，训武郎，知武冈县。

《志》言文靖出先生门，非也。文靖跋文公与先生帖云："亡友汉卿，端方而沉硕，文公深所许可。"此可以证其非弟子矣。其为此言者，文靖由先生而得文公之书。《宋史·文靖列传》影响其词，谓了翁筑室白鹤山下，以所闻于辅广、李燔者，开门授徒。盖本文靖《语类序》而语焉不详，《志》则本《宋史》而展转失实矣。《宗辅录》言蔡元定贬死，先生入京，以身试祸。贾伟节西行解祸，宁有试祸之理？按，文公与先生书云："省闱不利，亦是时节如此。看此火色，但得安坐，已是幸事，岂其别有冀望邪！"然则先生入京，是其应举时耳。墓在城西三里丛木中，鬲如罨如者五六。其后人指而谓曰：中为泰州，左右则先生兄弟序而葬也。然考其《家谱》，泰州墓乌程官宅山，所谓"黑龙马冢"是也，则中之非泰州明矣。当是先生在中，而左右为先生四子耳。

蕺山诸生曰：先生之学，入闽者熊勿轩、陈石堂其尤也；入东浙者，韩性节、黄东发其尤也，逮至明初，而韩古遗及吾叔祖黄菊泉尚接其传。呜呼，道之行不行，岂以时位哉！何先生之牢落，而自远有耀乎？

黄宗羲：《南雷文钞》之《辅潜庵传》

按：与《宋元学案》卷六十四《潜庵学案》之小传，文字差异较大。

辅广，字汉卿，其先庆源人。父逮流寓崇德，生广。少倜傥有大志，从吕东莱游。东莱没，执弟子礼于朱考亭，深加爱重。既别，书问讲学不绝。考亭与书云："示喻所疑，足见探讨不倦之意。前时所报，实有错误，已令直卿仔细报去矣。熹于《中庸章句》中尝著其说，今并录去，可见前说之误也。汉卿身在都城俗学声利场中，而能闭门自守，味众人之所不味，虽向来金华同门之士，亦鲜有见其比者。区区之心，实相爱重。但恨前日相见不款，今又相去之远，无由面讲，以尽鄙意。更几勉力，卒究大业。"广与黄勉斋榦同门相友善，时称"黄辅"。辅言性无善恶，黄言性有善恶，互相发明。

庆元初，伪学禁兴，学者解散，独不为动，鬻产往侍考亭。

蔡元定既贬死，士愈惩创，考亭深虑坚忍者少，吾道将泯绝。广乃以身试祸，入京居太学之南，以道自任，同志之士相与质疑问难，户外屦满，志不少屈。考亭嘉叹之，贻书有云："年来无朋友共讲，有话无分付处，甚思贤者相聚之乐也。汉卿风力稍劲，而此一等人多是立脚不住，千万加勉，以副所期。"又书云："省闱不利，亦是时节如此，看此火色，但得安坐，已是幸事，岂可别有冀望邪？承许秋凉相访，甚幸。此个道理工夫，本不可有间断时节，目下虽无人讲贯，自己分上思索体认，持守省察，自不可顷刻虚度。如此积累工夫，其间必有所大疑，亦必有所大悟。一日相聚，觌面相呈，如决江河，更无凝滞矣。"

嘉定更化，用事者始以卫道扶世挽之入仕，乃力辞，止食祠禄。已而察其无实意，裁书上政府甚剀切，终不合。后二十年，真西山谓其所论是非成败无一语弗验。

广素以"传贻"匾堂，复以"潜"名斋。尝主崇德学事，以躬行倡率其徒，渊源师友，浸灌良多，学者皆称传贻先生。魏了翁亦出其门，筑室白鹤山下，以所闻于辅广、李燔者开门授徒，士争负笈从之。广著述甚富，汇收艺文外，《钦定诗经传说汇纂》引用五百八十八条，《钦定仪礼义疏》引用一条，《钦定礼记义疏》引用八十九条。当湖陆氏《四书大全》引用七百三十三条，《论孟序说》引用十五条。金坛王氏《四书大全》引用三百九十五条，都梁李氏《朱子异同条辨》引用六百六条。今祀乡贤祠。子大章举进士。光绪四年，余令丽元详请从祀文庙，尚待大吏之会题云。

余丽元：光绪《石门县志》卷八

从祀孔庙资料

浙江巡抚梅启照，奏为公举从祀文庙，循例恭疏具题仰祈圣鉴事。

据布政司任道镕详称，据嘉兴府详据石门县详据绅士刑部主事徐宝谦等禀称：乡先贤辅潜庵先生，讳广，字汉卿，少从吕东莱游，后师事朱子，与黄文肃齐名。伪学禁兴，卫道甚力。《朱子文集》载前后七书，讲学论道，期望甚深。朱子殁，与真文忠、魏文靖讲易于渠阳山中，文靖复传其学于鹤山，平生师友渊源，极一时之选。晚辞辟命，主崇德学事，匾其堂曰"传贻"，遁世无闷，著作等身，实朱门黄、陈、二蔡之俦，而从祀之典，迄今未举。伏读《杨园先生全集》，首载同治九年礼部议奏：嗣后从祀文庙，应以阐明圣学、传授道统为断，并将其人生平著述事迹送部，其钦定书籍中，引用若干条，论赞若干条，先儒书籍中引用若干条，论赞若干条，一并详细造册各等。因恭案先生著述繁富，皆阐明圣学之言，前承鹿洞，后启鹤山，传授道统，具有明征，洵与从祀之例相符，谨将邵经邦《弘简录》本传，并分著述、事迹、引用、论赞各条，另造清册，吁恳转详请奏等情到县。

该石门县知县余丽元，详查，宋儒辅广，字汉卿，号潜庵，祖籍庆源，侨居崇德。常主崇德学事，颜其堂曰"传贻"，故学者称为"传贻先生"，墓在西门外里许。考其生平，师事朱子，笃信好学，当时以"黄辅"并称。值伪学厉禁之秋，独立不惧，遁世无闷。其卫道也，操贤者所难操，坚忍不动；其入德也，味众人之不昧，声色弗移。著述足以发明经传，引用有征事迹，堪以维系纲常，论赞允协。前承鹿洞，后启鹤山，师友渊源，道学攸赖，似与阐明圣学、传授道统之谕旨，若合符节。据禀前情，造具事实清册，加具印结详送察核，转请奏咨从祀文庙，以副圣朝重道崇儒之盛等情到府。

据此，该嘉兴府知府许瑶光，谨看得，宋儒辅广，籍隶庆源，徙居崇德，为朱子高弟，与黄榦齐名。值伪学禁兴，独信道甚笃，不为所摇，持守敬义，倡率躬行。尝颜所居曰"传贻"，义取传先而贻后，今石门县之传贻书院，即其迹也。师友渊源，按册可考，生平著作，奚啻等身！所著《诗传童子问》《晦庵先生语录》《朱子读书法》三种，俱收入《钦定四库全书》。《钦定诗经传说汇纂》引用辅氏说五百八十八条，《钦定仪礼义疏》引用一条，《钦定礼记义疏》引用八十九条；先儒如当湖陆氏、金坛王氏、都梁李氏书籍，引用不下一千七百余条。魏了翁尝以所闻于辅氏者授徒，士争负笈从之。真德秀谓广所论是非成败无一语勿验，尊闻行知，觉世牖民，有功于圣教甚大。兹据绅士徐宝谦等，称辅氏阐明圣学，前承鹿洞，后启鹤山，传授道统，具有明征，似与请准从祀文庙部议相符，加具结看，详祈察转等情到司。

据此，该司伏查，咸丰十年四月，内阁大学士军机大臣遵旨会议《从祀章程》内开，从祀文庙，应以阐明圣学、传授道统为断，应请嗣后除著书立说羽翼经传，真能实践躬行者，准各督抚胪列事实，奏请从祀外，其余概不得滥请从祀文庙，以示区别，并请纂入则例，永远遵行等因具奏，奉旨依议，钦此。又，同治十年礼部会奏《浙江乡贤张履祥从祀文庙》一折，原奏内开同治二年奏准，嗣后从祀文庙应恪遵十年定章，不得滥请并不准援案，如为文庙中必应从祀之先贤先儒，方准该督抚会同学政详加考核，并将其人生平著述事迹送部查核，其钦定书籍中引用若干条、论赞若干条，先儒书籍中引用若干条、论赞若干条，一并详细造册送部等因各在案。兹宋儒辅广，既据该府县详据绅士备造事实清册，递加结看，请转前来，核与准请从祀文庙之例相符，理合详请察核，具题等情到臣。

据此，该臣看得，宋儒辅广，受学紫阳，齐名黄榦。荣辞征召，非遁世以鸣高；居号传贻，实开来而继往。千百年渊源，直接从祀，犹虚东西序，俎豆常新，恩光宜沛。据布政司任道镕，将送到事实册结详送题请从祀文庙等情前来。臣复核无异，除册结送部外，谨会同浙闽总督臣何璟，浙江学政臣黄倬，合词具题，伏乞皇太后、皇上圣鉴，敕部议覆施行，谨奏。

礼部谨奏，为遵照奏准章程会议具奏事，礼科抄出。浙江巡抚梅启照《题请宋儒辅广从祀文庙》一疏，于光绪四年十一月二十六日，奉旨该部议奏，钦此，钦遵到部。臣等查同治二年六月礼部奏准《从祀文庙章程》内开，咸丰十年闰三月，大学士、军机大臣遵旨议定：嗣后从祀文庙，应以阐明圣学、传授道统为断。其忠义激烈者，入祀昭忠祠；言行端方者，入祀乡贤祠；以道事君，泽及民庶者，入祀名宦祠，概不得滥请从祀文庙，以示区别。特恐各省官绅，未能深悉历次所奉谕旨，纷纷陈请从祀，殊非慎重之道，请饬下各直省督抚学政，恪遵定章，不得援案，率行陈请。如为文庙中必应从祀之先贤先儒，方准该督抚会同学政详加考核，奏明请旨，并将钦定书籍中引用若干条、

论赞若干条，先儒书籍中引用若干条、论赞若干条，一并详细造册送部，由礼部会同大学士、九卿、国子监议奏等因在案。

兹据原题内称：宋儒辅广，字汉卿，号潜庵，师事朱子，与黄榦齐名。伪学禁兴，卫道甚力。《朱子文集》载前后七书，讲学论道，期望甚深。朱子殁，与真文忠、魏文靖讲《易》于渠阳山中，文靖复传其学于鹤山，平生师友渊源，极一时之选。晚辞辟命，主崇德学事，扁其堂曰"传贻"，遁世无闷，著作等身，所著《诗传童子问》《晦庵先生语录》《朱子读书法》俱收入《钦定四库全书》，《钦定诗经传说汇纂》引用辅氏说五百八十八条，《钦定仪礼义疏》引用一条，《钦定礼记义疏》引用八十九条，先儒如当湖陆氏、金坛王氏、都梁李氏书籍，引用一千七百余条，并册开所著《六经集解》《尚书注》《四书纂疏》《四书答问》《通鉴集义》《日新录》《师训编》等书目，当经礼部咨取书籍去后，现据咨复前次册开各书目检查，朱彝尊《经义考》或注佚、或注未见，惟《钦定四库全书》收三种，钦定各书中引用多条，再行分别申说，缮具清册，咨送前来。

臣等谨按《钦定四库全书提要》，于《朱子读书法》《朱子语录》，谓"俾新安之学有所考证"；于《诗传童子问》，则称其"羽翼集传"；《钦定诗经传说汇纂》《钦定礼记义疏》《钦定仪礼义疏》实共引用六百余条，至先儒陆陇其《四书大全》、王步青《四书汇参》、李祯《朱子条辨》实共引用一千七百余条。此三种亦经《钦定四库全书》收入，是其书之可法可传，早蒙列圣鉴定。复详考《朱子文集》暨《弘简录》辅广本传，并《宋史》及宋、明人各传记所载，朱子称其"身在都城俗学声利场中，而能闭户自守，味众人之所不味，虽向来金华同门之士，亦鲜有见其比者"。迨伪学禁兴，朱子亦恐坚忍者少，吾道将绝，广独不为屈，居太学之南，以道自任，朱子屡致书称其贤，故当时与黄榦并称。尝主崇德学事，以躬行倡率其徒，学者称为传贻先生，取传先贻后之义。厥后魏了翁以所闻于辅氏者授徒白鹤山下，士争负笈从之。综核辅广学行，洵足阐明圣学、羽翼经传。

臣等公同商酌，拟如该抚所请，准以宋儒辅广从祀文庙，其位次应在西庑先儒黄榦之次。

所有臣等会议缘由，理合恭折覆奏，是否有当，伏候训示，遵行。再，此折系礼部主稿合并声明为此，谨奏。

于光绪五年十二月初三日奉旨：依议，钦此。

传贻先生从祀清册四条

一、著述

《六经集解》，见宋文及翁《传贻书院记》、嘉兴府吴《志》、邵氏《弘简录》、朱氏《经义考》。

《五经注释》《尚书注》，见《经义考》。

《诗传童子问》，收入《钦定四库全书》。

《四书纂疏》，见朱桓《续名臣言行录》、嘉兴府吴《志》，邵氏《弘简录》。

《四书答问》，见《浙江通志》、嘉兴府吴《志》。

《通鉴集义》，见王氏《续通考》、嘉兴府吴《志》、邵氏《弘简录》。文及翁《传贻书院记》作"《通鉴集说》"。

《日新录》，见文及翁《传贻书院记》。

243

《师训编》,见《浙江通志》。文及翁《传贻书院记》作"《诗训编》"。

《晦庵先生语录》,见晁公武《郡斋读书志》,收入《钦定四库全书》。

《朱子读书法》,收入《钦定四库全书》。

一、事迹

《朱子文集·文公门人》:嘉兴崇德辅广汉卿,称传贻先生。

《经义考》:承师朱子,传《易》授《诗》《礼》,弟子赠员外郎,崇德辅广汉卿。

《朱子文集·答辅汉卿书》(本书作者按,原为七通书信全抄,因本书第四章有详细讨论,故此处从略。)

《文公年谱·魏了翁序》:予生也后,虽不及事先生,而与公晦及辅汉卿广,昔者尝共学焉。(节录)

魏了翁《周易集议·宋方回跋》:尝与参知政事西山真先生德秀、文公门人辅广汉卿,相与讲磨于渠阳山中。(节录)

《宋史·魏了翁传》:筑室白鹤山下,以所闻于辅广、李燔者,开门授徒,士争负笈从之。(节录)

宋商逸卿《崇德学田记》:虑田仅存者,久复满谰,当稽其数以防欺,又恐有恶其害已而去其籍,遂复勒诸石,以期不渝,公可谓知所处而勇于义矣。(节录)

一、引用

《钦定诗经传说汇纂》引用五百八十八条;《钦定仪礼义疏》引用一条;《钦定礼记义疏》引用八十九条。

当湖陆氏《四书大全》引用七百三十三条;《论孟序说》引

用十五条;金坛王氏《四书大全》引用三百九十五条;都梁李氏《朱子异同条辨》引用六百六条。

一、论赞

《钦定四库全书提要》:《诗传童子问》十卷,是编大旨,主于羽翼《诗集传》,以述平日闻于朱子之说,故曰《童子问》,卷首载《大序》《小序》,采录《尚书》《周礼》《论语》之言,各为注释,又备录诸儒辨说,以明读书之法。(节录)

《钦定四库全书提要》:《朱子读书法》,宋张洪、齐熙同编。据洪自序,书本朱子门人辅广所辑,巴川度正常属遂宁于和之校刊,沈阳王氏复广为《后编》,洪与熙又因而补订之,以辅氏原本为上卷,而以所续增者为下卷。元时板已不存,至顺中,江南云台御史赵之维重镌于集庆路学,故《永乐大典》全帙收入。原编卷次,已不可考,今酌其篇帙,厘为四卷,俾讲新安之学者,有所考证焉。(节录)

宋文及翁《传贻书院记》:文公门人遍天下,中更伪禁,岁寒松柏,疾风劲草,磨涅而不缁磷者,绝无而仅有。于时潜庵辅公,独立不惧,遁世无闷,自祠官报罢,归隐语溪,题读书之堂曰"传贻",盖将以传之先儒、贻之后学为己任。(节录)

宋商逸卿《崇德学田记》:辅公广为崇德县主学,以其躬行君子者,倡率其徒,以其师友渊源者,出而浸灌之。(节录)

元袁桷《论孟问答序》:桷幼承父师教,独取黄、辅二先生之书读之。黄公之书,尝辅翼其未备,若可疑者,则以昔之所闻于先师而申明之。至于辅公,则直彰其义,衍者隐之,幽者畅之,文理炳著,不别为标的,以尽事师之道,微文小义简焉,

以释经为急，而其知行体用之说，不靳合而自合矣。（节录）

明姚汝舟《传贻书院记》：宋之衰，王路废，伪禁烈，考亭逐，季通贬死，一时及门，屏伏无敢见，甚者诡他师，而潜庵笃信考亭，独立不惧，必雠所自任，传先贻后，羽翼六经。（节录）

明张屿《重立传贻书院记》：予惟孔子之道，至孟子而失其传。迨晦庵朱子集濂洛诸儒大成，然后有以绍坠绪而振绝学。晦庵之门，有辅汉卿者，独立左袒，道有攸赖，则夫辅氏与朱子道若相当，吾徒均有高山之仰。顾其遗迹所在，孰可轻重视之？朱子有遗迹于庐山，白鹿书院是也；辅氏有遗迹于语溪，传贻书院是也。（节录）

明胡其久《复传贻书院地记》：辅潜庵先生，倜傥大志，搜剔性学，执弟子礼于晦庵门，更砥砺修省，以敬义自守，阐发濂洛之旨，虽同门知名之士，如黄如李，莫让也。（节录）

《经义考》载《诗传童子问》胡一中序：自三百五篇，穿凿于《小序》，傅会于诸儒，六义之不明久矣。至朱子一正圣人之经，微词奥旨，昭若日星。先生亲炙朱子之门，深造自得于问答之际，尊其师说，退然弗敢自专，故谦之曰"童子问"，既具载《师友粹言》于前，复备论《诗序》辨说于后，俾读《诗》者优游圣经贤传之趣，而鼓舞鸢飞鱼跃之天，岂不大有功于彝伦也哉！（节录）

严辰：光绪《桐乡县志》卷十三

参考文献

林宝:《元和姓纂》,中华书局,2008年版。

徐梦莘:《三朝北盟会编》,上海古籍出版社,2019年版。

朱熹:《四书章句集注》,中华书局,1983年版。

朱熹:《朱子语类》,黎靖德编,中华书局,1986年版。

吕祖谦:《吕祖谦全集》,黄灵庚等编,浙江古籍出版社,2008年版。

王璆:《是斋百一选方》,上海科学技术出版社,2003年版。

辅广:《辅广集辑释》,田智忠辑校,福建教育出版社,2017年版。

黄榦:《勉斋集》,《景印文渊阁四库全书》第1168册,台湾商务印书馆,1986年版。

李心传:《建炎以来系年要录》,上海古籍出版社,2018年版。

李心传:《道命录》,《丛书集成初编》第3343册,中华书局,1985年版。

真德秀:《西山文集》,《景印文渊阁四库全书》第1174册,台湾商务印书馆,1986年版。

魏了翁:《鹤山先生大全文集》,《四部丛刊初编》第205册,上海书店,1989年版。

赵顺孙:《四书纂疏》,《景印文渊阁四库全书》第201册,台湾商务印书馆,1986年版。

程端礼:《畏斋集》,《丛书集成续编》第109册,上海书店出版社,1994年版。

程端礼:《程氏家塾读书分年日程》,姜汉椿校注,黄山书社,1992年版。

脱脱:《宋史》,中华书局,1977年版。

单庆、徐硕:至元《嘉禾志》,上海古籍出版社,2010年版。

李贤:《明一统志》,巴蜀书社,2018年版。

邵经邦:《弘简录》,康熙二十七年刊本。

盛燨:《前朱里纪略》,《中国地方志集成·乡镇志专辑》第21册,上海书店出版社,1992年版。

徐象梅:《两浙名贤录》,浙江古籍出版社,2012年版。

黄宗羲:《黄宗羲全集》,沈善洪、吴光主编,浙江古籍出版社,2005年版。

黄宗羲、全祖望:《宋元学案》,中华书局,1986年版。

吕留良:《吕留良全集》,俞国林主编,中华书局,2015年版。

王梓材、冯云濠:《宋元学案补遗》,中华书局,2011年版。

李卫、嵇曾筠:雍正《浙江通志》,乾隆元年刊本。

余丽元:光绪《石门县志》,中华书局,2016年版。

严辰:光绪《桐乡县志》,中华书局,2013年版。

杨圭章:《石门乡土历史》,《嘉兴近现代丛书》第3册,国家图书馆出版社,2020年版。

杨钟羲:《雪桥诗话续集》,北京古籍出版社,1991年版。

赵鼎:《丙辰笔录》,顾宏义、李文点校,《宋代日记丛编》第2册,上海书店出版社,2013年版。

顾宏义:《朱熹师友门人往还书札汇编》,上海古籍出版社,2017年版。

吕思勉:《理学纲要》,东方出版社,1996年版。

黄进兴:《优入圣域:权力、信仰与正当性》,陕西师范大学出版社,1998年版。

方彦寿:《朱熹书院与门人考》,华东师范大学出版社,2000年版。

束景南:《朱熹年谱长编》,华东师范大学出版社,2001年版。

彭东焕:《魏了翁年谱》,四川人民出版社,2003年版。

杜海军:《吕祖谦年谱》,中华书局,2007年版。

陈荣捷:《朱子门人》,华东师范大学出版社,2007年版。

束景南:《朱子大传》,复旦大学出版社,2016年版。

张天杰、郁震宏:《张履祥传》,浙江人民出版社,2016年版。

邓庆平:《朱子门人与朱子学》,中国社会科学出版社,2017年版。

徐公喜:《朱子门人学案》,江西人民出版社,2018年版。

陈明义:《辅广〈诗童子问〉初探》,《修平人文社会学报》第7期,2006年。

黄忠慎:《辅广〈诗童子问〉新论》,《台大中文学报》第32期,2010年。

黄忠慎:《辅广〈诗童子问〉与杨简〈慈湖诗传〉之比较研究——以解经方法、态度与风格为核心的考察》,《文与哲》第19期,2011年。

跋

孟子说:"读其书,不知其人可乎?"可惜我们今日读辅广的书,对于他的生平,却实在是知之甚少,无可奈何!孔子说:"文献不足故也!"

辅广(约1145—约1225),字汉卿,号潜庵,学者称传贻先生,崇德(今浙江桐乡)人。辅姓本为稀姓,却出了辅广这样的人物,与朱门高弟黄榦、陈淳、蔡沈一道:羽翼朱子,传先贻后,著作等身,从祀孔庙。然而只有辅广一人,《宋史》无传,宋元以来地方志,以及黄宗羲、全祖望等在《宋元学案》之中专列的《潜庵学案》,其小传也只有短短数百字。这就与他的声名显得很不相称,故早在六年前完成《张履祥传》之际,我就与郁震宏兄相约,一起为辅广作传。

等到真的想要动笔写作他的传记时,还是因为文献匮乏,而束手无策。田智忠兄多年辑校而成的洋洋三大册《辅广集辑释》,拜读再三,又为其中没有诗集或文集而恨恨不已。说来奇怪,这段时间我常有梦,如某地挖出石碑,可证明辅氏当年的宅院所在,再如某处某抄本收录了辅氏的诗文,等等,痴情可笑耳!好在还是两人合作,郁兄熟悉地方文献以及《宋史》,我则熟悉宋明理学以及检索数据库。再加之濮院油车桥村为辅氏后裔重要聚居地,故建"传贻堂"作为纪念,以及崇福镇上恢复传贻书院亦有再三策划,《崇福教育志》的编写又专设辅广小传,宋韵文化也渐渐热起来,天时地利人和似乎都具备了。

于是郁兄就辅氏家史、宅院墓园、生平交游以及《诗童子问》的解析等方面入手,初稿亦有近四万字,解决了诸多难题。我又利用大学图书馆之便利,将朱熹、吕祖谦、黄榦、魏了翁等相关人物在数据库中系统检索一番,发现了大量前人未曾提及的材料,再加之对朱熹《文集》《语类》中辅广相关文献的细读,以及对辅广《论语答问》《礼记解》《朱子读书法》等著作的剖析,此书也就渐成规模了。大体而言,本书是以辅氏生平为线索,以相关文献为骨干,全面呈现以辅广为中心,包括朱熹、吕祖谦以及黄榦、魏了翁等相关师友门人在内的,南宋士大夫群体的生活与思想世界,以及崇德(桐乡、石门)自宋以来历代士绅对辅氏传贻精神的弘扬。至于各个章节探讨的心得如何,则简述如下。

第一章,追溯辅姓之由来以及历代名人,再来考辨辅广之父,南宋初年与岳飞、韩世忠一起被写入史册的名将辅逵的生平经历,还有前人未曾说清楚的诸如籍贯以及生卒年等问题。

第二章,回顾作为南宋京畿之地的崇德县的繁华,辅氏家族南迁崇德后,定居何处记载不一,还有辅广本人生卒也不详,作为传记则有必要给出虽不中亦不远的答案。

第三章,辅广先从游于吕祖谦,然是在何时何地?具体受到金华吕学的哪些影响?考辨之后也可以得出新的认识,比如可以断定,他对《吕氏家塾读诗记》深有研究。

第四章,辅广后问学于朱熹,又是在何时何地?现存朱熹的八通书信,还有与他人的书信也多有提及辅广,对之进行细读,亦可呈现师生交往的大体过程以及所讨论的人物与话题。

第五章,二上武夷山,无疑是辅广一生的高潮,故当时的太学生多有送诗于他。《朱子语类》中有辅氏所记语录四百多条,还有他人所记多条也有提及辅氏,对之加以整理与解读,则可以呈现在庆元党禁时期沧洲精舍中,朱熹与辅广、辅万兄弟以及万人杰、叶贺孙、陈淳等门人相与论学的诸多面向。

第六章,从武夷山返回临安,辅广居太学之南,以整理、阐发、传播朱子学为己任,还有短暂与政治发生的碰撞。他又是如何与李方子一起深刻影响了魏了翁,从而将朱子学传入四川的?辅、魏是否为师生关系?与张洽、真德秀等人如何交往?还有辅广与《朱子语类》《朱子读书法》的传承关系等,都需要加以解释。

第七章,从临安回到崇德县,暮年的辅广,曾在漫游之际留下一诗一文。他为何筑传贻堂于县学之侧?因为还担任了县学的"主学"。《潜庵学案》所记载的诸如董槐、郑寀、朱鹏飞以及黄震、王冕等辅氏后学,也需要加以客观认识。稍早几年,则有朱熹的门人、女婿黄榦掌管崇德石门酒库,从而度过人生转折期,还留下了不少诗作,相关事迹的考辨与文献的解读也极有意义。

第八章,辅广著作等身,然大多亡佚且记载不一,故需要考辨其书名以及存世版本情况,再以《诗童子问》与《论语答问》为中心,呈现辅氏朱子学之"答童子问"的内容特色,来看其具体如何以独特的"疏证体"来"羽翼朱子"。

第九章,五百年后,曾有黄宗羲、吕留良相约寻墓,那么辅遂与辅广的墓分别在何处?辅广的儿孙情况如何,后人都居住何处?

《前朱里纪略》等地方志的记载颇为混乱，需要加以辨析。还有从辅氏著作之中钩稽出《辅氏家训》，或可看作辅广语录之精选。

第十章，传贻堂后来成为著名的传贻书院，几度兴废却传承了七百多年，在浙西教育史上占有重要地位，其历史沿革、山长以及相关诗文等有必要加以梳理。因为"羽翼朱子"，辅广的影响越来越大，于光绪五年从祀孔庙，位次在西庑先儒黄榦之次，其过程与意义如何？也有必要略作说明。

最后还有附录三种：一是以朱熹与辅广为中心的本书相关人事之年表，二是多方收集的六种辅广小传，三是辅广从祀孔庙的相关资料，都在本书正文中只有零散述及，故有必要附后以作参考。

总之，辅广一生事迹，因为文献不足，我们也只能呈现一个大致的轮廓，希望能为朱子门人后学研究，提供一部比较全面的辅广之"评传"，也为后人认识辅广这位布衣圣贤，南宋著名的学者、思想家、教育家，提供一个可信的读本。

本书的出版，需要感谢桐乡市文化局、文联，也需要感谢绘制插图的戴卫中先生，提供重要资料的王健先生，特别感谢张明华编辑的辛勤劳动。此外，研究明清朱子学，必当溯源于朱子学建立之际，故本书亦为国家社科基金重点项目"明清朱子学史"的阶段性成果。因为文献以及个人水平的限制，本书还存在许多不足，期待专家、读者批评指正！

张天杰

2022 年 1 月 22 日

于语溪东门楼